EXPOSITION UNIVERSELLE DE 1867
A PARIS

SECTION FRANÇAISE

ALGÉRIE

CATALOGUE SPÉCIAL

ACCOMPAGNÉ DE NOTICES
SUR LES PRODUITS AGRICOLES ET INDUSTRIELS DE L'ALGÉRIE

PARIS

CHALLAMEL AINÉ
ÉDITEUR
Commissionnaire pour l'Algérie et les Colonies
30, RUE DES BOULANGERS ET RUE DE BELLECHASSE, 27

DENTU, LIBRAIRE
ÉDITEUR
du Catalogue général de l'Exposition universelle de 1867
GALERIE D'ORLÉANS, PALAIS-ROYAL

AVRIL 1867

[illegible]

[illegible]

[illegible]

[illegible]

[illegible]

[illegible]

EXPOSITION UNIVERSELLE DE 1867

A PARIS

ALGÉRIE

IMPRIMERIE GÉNÉRALE DE CH. LAHURE
Rue de Fleurus, 9, à Paris

EXPOSITION UNIVERSELLE DE 1867
A PARIS

SECTION FRANÇAISE

ALGÉRIE

CATALOGUE SPÉCIAL

ACCOMPAGNÉ DE NOTICES
SUR LES PRODUITS AGRICOLES ET INDUSTRIELS DE L'ALGÉRIE

PARIS

CHALLAMEL AINÉ
ÉDITEUR
Commissionnaire pour l'Algérie et les Colonies
30, RUE DES BOULANGERS ET RUE DE BELLECHASSE, 27

DENTU, LIBRAIRE
ÉDITEUR
du Catalogue général de l'Exposition universelle de 1867
GALERIE D'ORLÉANS, PALAIS-ROYAL

AVRIL 1867

AVERTISSEMENT

POUR L'USAGE DU PRÉSENT CATALOGUE.

Le catalogue de la **Section française, Algérie,** est rédigé d'après le système de classification adopté par la Commission impériale dans son règlement du 7 juillet 1866, série B.

Les groupes et les classes dans lesquels sont compris les produits algériens sont les suivants :

PALAIS GALERIE I.

PREMIER GROUPE. — ŒUVRES D'ART.

Classe 1. — Peinture à l'huile.
Classe 3. — Sculpture et gravure.
Classe 4. — Dessins et modèles d'architecture.

PALAIS GALERIE II.

DEUXIÈME GROUPE. — MATÉRIEL ET APPLICATION DES ARTS LIBÉRAUX.

Classe 6. — Produits d'imprimerie et de librairie.
Classe 7. — Objets de papeterie, reliure, etc.
Classe 8. — Application du dessin aux arts usuels.
Classe 9. — Épreuves de photographies.
Classe 10. — Instruments de musique.
Classe 12. — Matériel de l'enseignement des sciences.
Classe 13. — Cartes de géographie.

PALAIS GALERIE III.

TROISIÈME GROUPE. — MEUBLES.

Classe 14. — Meubles en bois d'Algérie.
Classe 15. — Ouvrages du tapissier, emploi du crin végétal.
Classe 16. — Verrerie.
Classe 17. — Poteries.
Classe 18. — Tapis, tapisserie, tissus d'ameublement.
Classe 20. — Coutellerie.
Classe 24. — Procédés d'éclairage.
Classe 25. — Parfumeries, essences.
Classe 26. — Tabletterie, vannerie, petits meubles.

PALAIS GALERIE IV.

QUATRIÈME GROUPE. — VÊTEMENTS, Y COMPRIS LES TISSUS.

Classe 27. — Fils et tissus de coton.
Classe 28. — Fils et tissus de lin et de chanvre.
Classe 29. — Fils et tissus de laine peignée.
Classe 30. — Fils et tissus de laine cardée.
Classe 31. — Soies et tissus de soie.
Classe 33. — Passementerie.
Classe 34. — Bonneterie, lingerie, éventails, écrans, cannes.
Classe 35. — Habillements des deux sexes.
Classe 36. — Joaillerie et bijouterie.
Classe 37. — Armes portatives.
Classe 38. — Objets de voyage et de campement, y compris tout ce qui tient à la tente arabe et à son habitation.

PALAIS GALERIE V.

CINQUIÈME GROUPE. — PRODUITS BRUTS ET OUVRÉS DES INDUSTRIES EXTRACTIVES.

Classe 40. — Produits de l'exploitation des mines et carrières et de la métallurgie.
Classe 41. — Produits des exploitations et des industries forestières.
Classe 42. — Produits de la chasse et de la pêche. — Faune algérienne.
Classe 43. — Produits agricoles non alimentaires. — Matières textiles, cotons, lins, chanvres, laines, tabacs, cocons de vers à soie, cire, miel, plantes tinctoriales, etc.

Classe 44. — Produits chimiques et pharmaceutiques; sel minéral, résines, goudrons, eaux minérales, herboristerie.
Classe 45. — Spécimens de procédés de teinture.
Classe 46. — Cuirs et peaux.

PALAIS GALERIE VI.

SIXIÈME GROUPE. — INSTRUMENTS ET PROCÉDÉS DES ARTS USUELS.

Classe 47. — Matériel et procédés de l'exploitation des mines. Matériel de sondages et forages.
Classe 48. — Matériel et procédés des exploitations rurales.
Classe 49 — Engins pour la pêche du corail.
Classe 53. — Machines et appareils de la mécanique générale. Norias, etc.
Classe 56. — Matériel et procédés de tissage.
Classe 62. — Bourrellerie et sellerie.

PALAIS GALERIE VII.

SEPTIÈME GROUPE. — ALIMENTS FRAIS ET CONSERVÉS.

Classe 67. — Céréales et autres produits farineux avec leurs dérivés.
Classe 69. — Corps gras alimentaires, huiles, etc.
Classe 71. — Légumes et fruits.
Classe 72. — Condiments et stimulants, sucres et produits de la confiserie.
Classe 73. — Boissons fermentées, vins, liqueurs, etc.

PALAIS GALERIE VIII.

HUITIÈME GROUPE. — SPÉCIMENS D'ÉTABLISSEMENTS DE L'AGRICULTURE.

Classe 81. — Matériel de l'élevage des abeilles.

DIXIÈME GROUPE. — OBJETS EXPOSÉS EN VUE D'AMÉLIORER LA CONDITION PHYSIQUE ET MORALE DE LA POPULATION.

Classe 89. — Matériel et méthodes de l'enseignement des enfants.
Classe 93. — Spécimens d'habitations. Projets de centres.

Le catalogue comprend en tête de la plupart des classes une notice sur l'ensemble des produits qu'elle renferme, et des indications succinctes sur les principaux producteurs.

Dans chaque classe, les exposants de l'*Algérie* sont placés selon l'ordre alphabétique des noms.

Le catalogue se termine par une table alphabétique générale, dans laquelle *le nom de l'exposant renvoie à la classe et à la page où il figure avec ses produits.*

Pour connaître l'ensemble des produits appartenant à chaque exposant, il suffira donc de se reporter à cette table alphabétique.

L'exposition des produits de l'Algérie occupe, dans le Palais du Champ de Mars, du côté et à l'est de l'École militaire, une section qui se développe sur toute l'étendue de la *rue des Pays-Bas.*

Cette section est partagée en six divisions ou salles qui se prolongent, en s'élargissant, depuis le centre jusqu'au promenoir extérieur. Les produits y sont classés dans l'ordre suivant :

1re *Division.* Matériel et application des arts libéraux (groupe 2).
Matériel et méthodes d'enseignement (classe 89).

2e *Division.* Meubles et autres objets destinés à l'habitation (groupe 3).
Échantillons de marbres et onyx (classe 40).
Produits des exploitations et des industries forestières (classe 41).

3e *Division.* Vêtements et autres objets portés par la personne (groupe 4).
Échantillons de laines brutes, cotons en laine, cocons et soie filée, lins et autres textiles (classe 43).

4e *Division.* Partie des produits (bruts et ouvrés) des industries extractives (groupe 5).
Partie des produits du 7e groupe, aliments.

5e *Division.* Instruments des arts usuels (groupe 6).
Produits de l'exploitation des mines et des carrières (classe 40).
Spécimens de liéges et d'autres essences forestières (classe 41).

6e *Division.* Aliments frais et conservés à divers degrés de préparation (groupe 7).

L'exposition de l'Algérie comprend encore, dans la partie sud-ouest du Parc, près de la porte de Grenelle, un campement de tentes arabes, chefs et fellahs (classe 38).

Dans l'île de Billancourt sont exposées deux norias, système européen (classe 53).

PREMIER GROUPE.

CLASSE 1.

PEINTURE A L'HUILE.

EXPOSANTS.

Courvoisier (Mlle Nathalie), à Alger.
Portrait de femme juive d'Alger.
Cimetière maure à Birmandreis.
Halte au désert.

Moatty (Abraham), à Alger.
Portrait de jeune fille juive d'Alger.

CLASSE 3.

SCULPTURE ET GRAVURE SUR MÉDAILLES.

EXPOSANT.

Fulconis (Louis-Guillaume), sculpteur à Paris.
Deux bustes en plâtre : Magistrat musulman; — Guerrier arabe.

CLASSE 4.

DESSINS ET MODÈLES D'ARCHITECTURE.

EXPOSANTS.

Bauchette, garde principal du génie, à Constantine.

Modèle en plâtre du tombeau de Syphax, connu sous le nom de *Medraçen*, exécuté sous la direction de M. le général Perigot, commandant la province.

(Voir la notice sur le *Medraçen* publiée par M. le commandant du génie Foy, dans l'Annuaire de la Société archéologique de Constantine, 1856-1857).

Berbrugger (Adrien), inspecteur des monuments historiques, à Alger.

Modèle en plâtre du monument sépulcral des rois de Mauritanie, connu sous le nom de *Tombeau de la Chrétienne,* exécuté, sous la direction de MM. Berbrugger et de Mac-Carthy, par M. Latour fils.

Bozzoli (Pierre), sculpteur à Alger.

Bas-reliefs et sujets divers en terre-cuite.

Collége impérial arabe-français d'Alger.

Dessins exécutés par les élèves.

Leroux (C.), ingénieur civil à Boufarik (province d'Alger).

Plan et projet d'une ferme en Algérie; plan d'une habitation à l'abri des tremblements de terre.

Lycée impérial d'Alger.

Dessins faits par les élèves.

Mac-Carthy (L. A. O., de), ingénieur civil à Alger.

Vue, plan, coupe et élévation du Tombeau de la Chrétienne.

Service des bâtiments civils de la province d'Alger.

Dessins et plans d'une synagogue et d'une prison construites à Alger.

Service des bâtiments civils de la province d'Oran.

Modèle en plâtre du bastion et de la colonne de Mazagran.

Service des ponts et chaussées de la province d'Alger.

Vues de la ville et du port d'Alger.

Service des ponts et chaussées de la province d'Oran.

Vues de la ville et du port d'Oran.

Service des ponts et chaussées de la province de Constantine.

Vues de la ville et du port de Bône.

DEUXIÈME GROUPE.

CLASSE 6.

PRODUITS D'IMPRIMERIE ET DE LIBRAIRIE.

Toutes les villes de l'Algérie ayant une certaine importance sont pourvues d'imprimeries. Dans les grands centres tels que Alger, Oran, Constantine et Bône, il existe plusieurs établissements de ce genre qui, en dehors de leur production courante, éditent des ouvrages, soit en caractères français, soit en caractères arabes. Beaucoup de ces ouvrages présentent un sérieux intérêt; la philosophie, l'histoire, les sciences, les arts, l'économie politique, la littérature, la poésie y tiennent une large place.

Les bibliothèques publiques de l'Algérie, quelques bibliothèques particulières aussi possèdent de nombreux manuscrits arabes, remarquables par leur ancienneté, leur bonne conservation, comme par leur belle exécution calligraphique.

La section des manuscrits à la bibliothèque d'Alger se compose de plus de 20 000 volumes qui contiennent environ 3000 traités ou opuscules sur presque toutes les branches des connaissances humaines au point de vue arabe.

Il se publie en Algérie un nombre assez considérable de journaux. Les principaux sont : dans la province d'Alger, *le Moniteur de l'Algérie*, *le Mobacher* (texte français et arabe), *l'Akhbar*, *le Courrier de l'Algérie* à Alger, *le Tell* et *la Mitidja* à Blidah. — Dans la province d'Oran, *l'Écho* et *le Courrier* à Oran, *le Courrier de Mostaganem*, *le Courrier de Tlemcen*. — Dans la province de Constantine, *l'Africain* et *l'Indépendant* à Constantine, *la Seybouse* à Bône, *le Zéramna* et *le Messager algérien* à Philippeville, *le Commerce algérien* à Sétif.

Les journaux qui, en France, s'occupent plus spécialement des questions algériennes sont : l'*Économiste français* et les *Annales de l'Agriculture des Colonies*, qui tous deux se publient à Paris.

Les principaux imprimeurs, libraires, éditeurs de l'Algérie sont :

A Alger, MM. Bastide et J. Dubos;
A Oran, MM. Chatelain, Dupont et Perrier;

A Constantine, M. Arnolet (Louis), Mme veuve Guende et M. Marle (Louis);
A Bône, M. Dagand;
A Paris, M. Challamel aîné.

EXPOSANTS.

Ahmed el Bachir, maître-adjoint à l'école arabe française de Tlemcen (prov. d'Oran).

Les *Séances de Hariri*, manuscrit arabe.

Bastide (Hippolyte), imprimeur-libraire à Alger.

Maison fondée en 1833, possédant dix-neuf presses et employant quarante-deux ouvriers, dont six indigènes.

200 volumes; ouvrages divers en français et en arabe, édités par la maison.

Bresnier (Louis-Jacques), professeur d'arabe à la chaire publique d'Alger.

Principes élémentaires de la langue arabe, 1 vol. in-8°. *Djaroumia*, grammaire arabe, 1 vol. in-8°. Un tableau, écritures et miniatures orientales (premier chapitre du Coran).

Challamel aîné, libraire-éditeur et commissionnaire pour l'Algérie et les Colonies, 30, rue des Boulangers, et 27 rue de Bellechasse, à Paris. Depuis vingt-quatre ans cette maison s'occupe de tout ce qui se publie sur l'Algérie ou en Algérie.

Collection de 150 ouvrages en français ou en arabe.

Daoudi ben Ourka, imam, à Tlemcen (prov. d'Oran).

Histoire de la ville de cuivre; conte inédit des *Mille et une Nuits*, manuscrit arabe.

Du Mesgnil (A.), administrateur-directeur de la Compagnie française des cotons et produits agricoles algériens.

Manuel du cultivateur de lin en Algérie. 1866, in-18.

École arabe française d'Alger.

Cours d'arabe; modèles d'écritures, 1 vol.

École normale primaire d'Alger.

Cours d'arabe; modèles d'écriture, 1 vol.

Franceschi (de), à Constantine.

1 brochure, spécimens d'autographies.

Inspecteur des Écoles de la province d'Oran.

Manuscrits concernant l'enseignement public; cartes géographiques, dessins, tableaux d'écritures par les élèves de diverses écoles.

Maire de Constantine, président de la Société archéologique.

Annuaires de la Société de 1853 à 1866. 10 vol. Alessi et Arnolet, éditeurs.

Marchand (Jules), instituteur à Constantine.

Nouvelle méthode de lecture, 1 vol.; Inscriptions funéraires de la province, 1 vol. Alessi et Arnolet, éditeurs.

Mohammed ben Mustapha Sekkal, muphti à Tlemcen (province d'Oran).

Histoire des rois de Maroc, manuscrit arabe, 40 feuill.

Mohammed Masmoudi, thaleb à Tlemcen (province d'Oran).

Traité de versification arabe, manuscrit arabe, 40 feuillets.

Pignel (Arm.), inspecteur de colonisation à Oran.

Le *Livre d'école; le Livre d'instruction pour les jeunes Arabes*, m. s.

Reboulleau (docteur), médecin des établissements civils, à Constantine.

Essai de topographie médicale de la ville de Constantine, 1 broch. Marle, imprimeur.

Rivière, instituteur communal à l'Arba (province d'Alger).

Nouvelle méthode de lecture, manuscrit.

Service des Mines de la province d'Alger (ouvrages envoyés par le) :

Richesses minérales de l'Algérie, par H. Fournel, 2 vol. et atlas; *Notice minéralogique* sur les provinces d'Alger et d'Oran, par Ville, 1 vol.; *Recherches sur les rochers, les eaux*, etc., des provinces d'Alger et d'Oran, par Ville, 1 vol.; *Catalogue de la Collection du service des mines et forages* de la province d'Alger, 1 vol. manuscrit; *Notice* sur les Sondages exécutés dans la province d'Alger, par Ville, 1 vol.; *Notice* sur les Salines de Zahrez, 1 vol.; *Résumé des Études géologiques faites en* 1857 *dans la subdivision de Dellys*, par Ville, 1 vol.; *Notice* sur les Sondages exécutés de 1859 à 1863 dans la province d'Alger, par Ville, 1 vol.; *Notes* d'un Voyage d'exploration dans les bassins du Hodna et du Sahara, etc., par Ville, 1 vol.; *Mission de Ghadamès*, 1862, rapports officiels; *Exploration scientifique de l'Algérie*, par E. Renou; *Note minéralogique*, par Ravergie; *Description de coquilles*, par Deshays, 1 vol. in-f°, 5 cartes; et un rouleau de cartes, *Mines de l'Algérie.*

Société de Climatologie algérienne, à Alger.

Eaux minérales de l'Algérie, par le docteur Bertherand, 1 broch.; *le Criquet Pèlerin*, par MM. Agnely, Lallemand et Daru, 1 broch.

Vallier (Jules), à Alger.

Calendrier du cultivateur en Algérie, 1 vol. in-18, 1861.

Vayssettes et Antoine, à Constantine.

Système légal des poids et mesures, arabe et français. 1 vol. Alessi et Arnolet, éditeurs.

Ville (Ludovic), ingénieur en chef du service des Mines, à Alger.

Exploration géologique du Beni-Mezab, du Sahara et de la région des steppes de la province d'Alger; texte et atlas manuscrits. 2 vol.

CLASSE 7.

OBJETS DE PAPETERIE, RELIURES, MATÉRIEL DES ARTS, DE LA PEINTURE ET DU DESSIN.

EXPOSANTS.

Compagnie française des cotons et produits agricoles algériens. *A. du Mesgnil*, administrateur-directeur.

Papier fabriqué avec des déchets d'étoupes de lin, 1 rame. Fabrication Adrien Fresnaye à Marenla (Pas-de-Calais).

Cruzel (Joseph), membre de la Chambre de commerce de Dieppe.

Papiers fabriqués avec des plantes grasses de l'Algérie.

Durand (Claude), papetier à Alger.

Encre algérienne à 1 franc le litre.

CLASSE 8.

APPLICATION DU DESSIN ET DE LA PLASTIQUE AUX ARTS USUELS.

EXPOSANTS.

Buchetet, 54, rue d'Enfer à Paris.
Fruits d'Algérie moulés.

Hanoun (Mardochée), sculpteur, à Alger.
Tableau en papier découpé.

CLASSE 9.

ÉPREUVES ET APPAREILS DE PHOTOGRAPHIE.

La photographie exploite particulièrement en Algérie le genre portraits-cartes, qui procure d'ailleurs de beaux bénéfices à ceux qui s'en occupent.

Quant à la photographie appliquée aux arts et aux sciences, elle n'y a pas encore été mise en pratique.

Les plus belles photographies paysagistes, artistiques ou archéologiques produites sur l'Algérie sont dues à des photographes d'Alger et de Paris, ou à des amateurs.

Les principaux photographes de l'Algérie sont :

A Alger, MM. Alary et Geiser, et Portier;

A Oran, MM. Bruneau et Dupont;

A Constantine, MM. Sarrault et Mme veuve Plasse et Oberty.

EXPOSANTS.

Huaux, officier d'administration des subsistances militaires à Constantine.
Vues du rocher et de la ville de Constantine sous leurs différents aspects.

Pedra (Josep), photographe à Tlemcen (prov. d'Oran).
Album renfermant 26 vues de la province d'Oran.

Piboul (Louis), capitaine au 66e de ligne.
Vues des sites parcourus par la colonne du Sud, commandée par le colonel Arnaudeau, en 1865-1866.

Plasse (Mme Ve) et Oberty, à Constantine.
Album des ruines romaines et du Musée de Philippeville, 30 francs; album, *fac simile,* des bijoux d'or et d'argent à l'usage des indigènes de la province de Constantine, 30 francs.

Portier, photographe à Alger.

Photographies. 6 vues de l'arrondissement et 12 portraits (1 cadre).

Sarrault (Alp.), photographe à Constantine.

Photographies du Musée de Constantine, un album, 100 francs; vues de la province de Constantine, 100 francs; vue panoramique de Constantine, 50 francs.

CLASSE 10.

INSTRUMENTS DE MUSIQUE.

Les indigènes se servent de plusieurs instruments de musique qu'on peut classer en trois catégories : musique des habitants des villes, musique militaire et musique des habitants de la tente.

Les instruments de musique en usage dans les villes sont:

La *Kouitra*, espèce de mandoline à huit cordes,

La *Kamendja*, violon à quatre cordes,

Le *Rebeb*, violoncelle à deux cordes,

Le *Kanoun*, sorte de harpe horizontale, l'antique psaltérion,

Le *Thar*, tambour de basque,

La *Derbouka*, tambour formé d'une poterie recouverte d'un parchemin,

Et le *Djouak*, flûte en roseau.

La musique militaire se compose :

De la *Kaïtra*, hautbois,

Du *Teboul*, grosse caisse,

Des *Naghats*, petits tambours plats qu'on frappe avec une baguette,

Et des *Nar'arats*, cymbales.

Cette musique marchait autrefois à la tête des cavaliers, immédiatement après les étendards. — Elle est encore en usage dans les goums.

Quant aux habitants de la tente, ils n'ont d'autres instruments que la grosse flûte en roseau, appelée *guesba*, et le *bendir*, espèce de gros tambour de basque.

A l'exception des divers tambours et de la *Guesba* qui sont fabriqués sous la tente, les autres instruments sortent des ateliers indigènes d'Alger, de Constantine et de Tlemcen.

EXPOSANTS.

Comité provincial de Constantine, Collection d'instruments de musique indigène.

Grosse caisse (*teboul*), 2 tambours poterie (*derbouka*), 1 tambour de basque (*thar*), 1 flûte en roseau (*guesba*), 3 petites flûtes en roseau (*djouaks*), 1 guitare à deux cordes (*goumri*), 4 paires de castagnettes de nègres (*kerakeb*).

Hanoun (Moïse), fabricant à Alger.

1 Violon arabe (*rebeb*), 300 francs.

Martinez (Jean), luthier à Oran.

Guitare en marqueterie fine, 800 francs.

Martinez (Jean), fabricant à Alger.

Guitare en marqueterie ivoire, palissandre, bois de rose, 200 francs.

Mohammed ben abd Allah, des Beni-Menasseur Gharaba (prov. d'Alger).

Flûtes (*ksab*), et trois tambourins (*guellal*).

CLASSE 12.

INSTRUMENTS DE PRÉCISION ET MATÉRIEL DE L'ENSEIGNEMENT DES SCIENCES.

EXPOSANTS.

Durando, à Alger.

Herbier. 6 fascicules contenant 400 plantes avec le catalogue imprimé de Munby.

Général commandant la province de Constantine.

Herbier des variétés de dattiers de la Province.

Jardin d'acclimatation du Hamma d'Alger. *Hardy* (Aug.), directeur.

Herbier de 344 espèces de plantes exotiques cultivées au jardin.

La création du Jardin d'acclimatation sous le nom de *Jardin d'Essai* remonte à l'année 1832, sous l'administration du duc de Rovigo. Elle avait pour but de propager la culture des arbres et plantes les plus utiles, en même temps que d'acclimater et de naturaliser dans le pays les végétaux de tous les points du globe susceptibles d'enrichir les productions algériennes.

Placé au Hamma, près Alger, son étendue fut d'abord de 5 hectares.

En 1837, l'établissement prit le nom de *pépinière du Gouvernement;* une année après, l'inventaire des cultures donnait pour résultat 87 038 plants en pépinière et 300 000 pourettes de mûrier. Pendant cette première période de six années, la pépinière avait livré 20 000 sujets de toutes espèces.

De 1838 à 1842, l'établissement continua à augmenter ses plantations et ses livraisons de végétaux. A partir de 1842, on y fit les premiers essais de culture expérimentale sur le coton, le sésame, la canne à sucre, l'indigo, le riz, la patate, le bananier, le pavot somnifère, le tabac et le ver à soie.

Les plantations furent augmentées de 93 000 sujets, en 1842, et de 198 000 en 1843. On installa en même temps des écoles complètes d'arbres fruitiers d'Europe, d'orangers, d'oliviers, de vignes, de figuiers, dont les meilleurs sujets furent propagés dans les cultures des colons.

Le besoin de multiplier les plantations sur tous les points du pays fit décider en 1843 la formation de dix-huit pépinières secondaires placées au milieu des centres de colonisation. La pépinière du Hamma prit dès lors le nom de *pépinière centrale*, et dut fournir des ouvriers et des ressources à ces créations nouvelles.

Il résulte d'un tableau statistique dressé récemment, qu'à la fin de l'année 1866, c'est-à-dire après une période de vingt-quatre années d'existence, le Jardin d'acclimatation d'Alger a livré un million 300000 pieds d'arbres, 500 mille végétaux herbacés et 35000 kilogrammes de graines diverses, bulbes, tubercules, etc., représentant une valeur en argent, au prix du commerce, de 1938811 francs.

Parallèlement à ces produits qui rentrent plus particulièrement dans les travaux de pépinière, le Jardin d'acclimatation a créé et développé diverses cultures utiles spécialement au point de vue industriel, notamment :

Les plantes alimentaires ;

Les végétaux à produits tinctoriaux ;

Les végétaux à produits textiles;
Les végétaux à produits oléagineux;
Les végétaux à produits sucrés et propres à produire des spiritueux;
Les végétaux à produits sébacés, gommeux et céreux;
Les végétaux à productions médicinales;
Les végétaux à produits de parfums;
Les arbres fruitiers des tropiques;

Des annexes industrielles, placées dans l'établissement, ont permis d'y étudier les meilleurs moyens d'égrener le coton, de préparer la cochenille et de filer la soie.

Le Jardin d'acclimatation d'Alger embrasse actuellement 58 hectares, qui se divisent de la manière suivante:

1° Partie plate et irrigable de 32 hectares, située entre les routes de Kouba et de Hussein-Dey : c'est là que sont les bâtiments d'exploitation, les serres, au nombre de quatre, qui s'étendent sur une superficie de 410 mètres, diverses cultures en plein air, un aquarium avec des essais de pisciculture, etc.

2° Partie de 4 hectares, comprise entre la route d'Hussein-Dey et la mer, non irriguée, et où se trouve la Nopalerie.

3° Terrains accidentés au-dessus de la route de Kouba, d'une contenance de 22 hectares. Cette partie, récemment annexée et qui renferme des expositions variées, est destinée spécialement à l'acclimatation des végétaux. Les vignes occupent les plateaux; les conifères et les végétaux alpins sont sur les versants rapprochés des sommets. Dans la partie moyenne, on a placé les végétations de la Nouvelle-Hollande, du cap de Bonne-Espérance, de la Chine, du Japon, de l'Himalaya, et des plateaux du Mexique.

Les végétaux cultivés dans le Jardin d'acclimatation sont représentés par 166 familles, 1172 genres, 4334 espèces et 3879 variétés qui n'existaient pas dans le pays, et y ont été introduits du dehors depuis la conquête.

La famille des palmiers, qualifiée à bon droit de *famille princière des végétaux*, compte dans l'établissement 180 espèces.

Dans une maison mauresque située sur la partie la plus élevée du Jardin, on a créé en 1861 une exposition permanente à classement raisonné des produits de l'établissement.

En même temps, a été créé une École d'acclimatation, de domestication et de propagation des espèces animales utiles. On y a obtenu les premières reproductions authentiques de l'autruche en captivité. Chaque année amène des couvées régulières; les petits s'élèvent et composent déjà un important troupeau.

De jeunes casoars introduits dans l'établissement depuis deux ans, ont commencé à pondre et amèneront vraisemblablement des couvées. Les zèbres et les alpacas se reproduisent avec la plus grande facilité.

Icard (Louis), entrepreneur de travaux publics à Oran.

Barême mécanique, 100 francs.

Leroy (Charles), à Kouba (prov. d'Alger).

Herbier de la province.

Pottier (Joseph-Édouard), à Alger.

Collection de 100 plantes médicinales.

Société de climatologie algérienne, à Alger.

Herbier de la flore de l'Algérie par M. Pascal Jourdan; Herbier de la flore murale de Tlemcen, par M. Pascal Jourdan; Herbier des plantes d'ornement de l'Algérie, par M. Durando.

CLASSE 13.

CARTES ET APPAREILS DE GÉOGRAPHIE.

Jusqu'à ce jour, à l'exception de quelques travaux locaux dus au service topographique, aucune carte géographique ayant une valeur sérieuse n'a été éditée en Algérie.

Le dépôt de la guerre a publié, d'après les travaux des officiers d'état-major, un certain nombre de cartes qui se vendent à Paris à la librairie Dumaine.

Nous citerons celles qui sont de l'usage le plus général :

Carte générale de l'Algérie au 1600/1000e, 1856, 2 feuilles.

L'Afrique sous la domination romaine, par M. le capitaine Nau de Champlouis, au 2 millionième, 2 feuilles et une brochure de texte.

Provinces d'Alger, d'Oran et de Constantine, au 1/400 000e, publiées de 1852 à 1856.

Cartes des étapes des provinces d'Alger, d'Oran et de Constantine, au 1/400 000e, publiées en 1865.

La Grande Kabylie, au 1/200 000e, revue en 1864.

Environs d'Alger, d'Oran, de Bône, de Philippeville, de Sétif, de Mascara, de Miliana, de Mostaganem, publiées avant 1860.

Les Oasis algériennes, 1862.

Le Sahra algérien, 1845.

Le Sahra oriental, 1861.

La partie centrale du Sahra, indiquant les relations du Soudan avec les possessions françaises de l'Algérie et du Sénégal, 1861, au 5 millionième.

Indépendamment de ces cartes, les services des mines, des forêts, des forages et des télégraphes, ont fait exécuter des cartes spéciales dont les canevas reposent sur les travaux de l'état-major général.

EXPOSANTS.

Carte générale de l'Algérie dressée sur les cartes du Dépôt général de la Guerre, par ordre de S. E. le maréchal de **Mac-Mahon, duc de Magenta, gouverneur général**, indiquant d'après les documents officiels, les routes, terres cultivées, centres de population, etc., à l'échelle de 1/400 000e; 1867.

Du Mesgnil (A.), administrateur directeur de la Compagnie française des cotons et produits agricoles algériens.

Carte de la colonisation en Algérie, 1867.

Mac-Carthy (L. A. O. de), ingénieur civil à Alger.

Carte murale de l'Algérie.

TROISIÈME GROUPE.

CLASSE 14.

MEUBLES DE LUXE.

Les Européens tirent leurs meubles de France ou les font fabriquer sur place par les ouvriers français établis dans le pays, avec les diverses et si riches essences de bois qui peuplent la colonie.

L'ameublement des indigènes consiste, en général, dans les villes, comme sous la tente des chefs, en nattes, tapis, matelas, coussins servant pour le coucher; en tables basses (*téfou* ou *midi*, suivant la forme) et en coffres (*sendouk*) en bois de thuya, de pin ou de noyer. Ces coffres le plus souvent ouvragés, incrustés, peints ou ornés de clous de cuivre, renferment tous les objets précieux du ménage : linge, bijouterie, armes, vêtements, etc.

La forme du Sendouk est rectangulaire, avec une ouverture fermée d'une serrure, au sommet. Il est supporté par quatre ou six pieds. La dimension varie : les plus répandus ont au moins un mètre cube de capacité.

EXPOSANTS.

Boutung, fabricant, rue du faubourg Saint-Antoine, à Paris.
Armoire en thuya et citronnier de l'Algérie.

Coulhon (Georges), à Alger.
Lit, commode, armoire à glace et table de nuit (bois, façon, peintures et draperies orientales).

Dennery (Bernard), négociant à St-Denis du Sig (prov. d'Oran).
Coffre ancien indigène, style mosaïque, 3000 francs.

Donnadieu (Adolphe), 14, rue Saint-Pierre Popincourt, à Paris.
Cheminées, vases, coupes, lampes et candélabres en marbres et en onyx d'Algérie.

Mazaroz Ribaillé et Ce, 4 et 6, rue Ternaux-Popincourt, à Paris.
Meubles de luxe; Emploi des bois de l'Algérie.

CLASSE 15.

OUVRAGES DE TAPISSIER ET DE DÉCORATEUR.

Les indications portées à la classe qui précède font connaître la nature des objets d'ameublement parmi les indigènes d'une certaine condition. L'ameublement des Arabes, des classes moins élevées ou inférieures, est moins compliqué encore. Il se réduit à des nattes (*hacera*) en palmier nain (*docem*) ou en alfa; à des tapis grossiers, sur lesquels ils couchent la nuit; à des *tellis*, des *rehals* et des *ouçadas*, espèce de sacs, qu'on emploie successivement pour renfermer le linge et les objets précieux et comme traversins. Les indigènes se servent aussi, pour remplacer la couverture et le drap de lit, d'une sorte de haïck en laine (*hambel* et *haouli-bou-touil*) dont les dimensions sont variables, comme les dispositions et les couleurs.

Tous ces objets sont fabriqués sous la tente et par la main des femmes. Un métier droit, composé de quatre perches et d'un peigne en fer à cinq dents, forme tout le matériel de l'ouvrière.

Depuis quelques années, l'industrie s'est emparée d'une plante, qui avait été jusque-là le fléau de l'agriculture algérienne, le palmier nain (*chamœrops humilis*), qui est, pour les cultures coloniales, ce qu'est le chiendent pour les producteurs français. On tire aujourd'hui du palmier nain, au moyen de certaines préparations, un crin végétal, qui est bien connu dans le commerce parisien. Une seule exploitation de la province d'Alger fabrique annuellement 8 à 900 000 kilog. de cette matière qu'elle livre au prix de 25 fr. les 100 kilog. Il existe plnsieurs autres exploitations du même genre, quoique moins importantes, dans diverses autres localités de l'Algérie.

Fabricants de crin végétal : MM. Averseng, à Chéragas, province d'Alger; Chaussadis et Dupail Planchière, à Alger; Barrière et Lévy, à Oran.

EXPOSANTS.

Averseng (Pierre), à Cheragas, prov. d'Alger, fabrique de crins végétaux, fondée en 1847, comprenant 7 fourneaux, 3 chaudières à teinture, et 18 tours à filer.

Crins de palmier nain : crin noir ordinaire, crin blond ordinaire, crin blond perfectionné, crin noir perfectionné, crin noir étoupe, crin sparte blond, crin de maïs blond.

Emploi de crin végétal : 6 traversins élastiques aérifères, 1 matelas brisé, 1 oreiller de divan, 1 siége de fauteuil élastique, 1 siége de voiture.

CLASSE 16.

CRISTAUX. — VERRERIE DE LUXE ET VITRAUX.

On trouve en Algérie, dans beaucoup de localités, notamment dans la province d'Alger, des sables siliceux propres à la fabrication du verre.

Jusqu'ici cette industrie n'a pas été largement exploitée. Elle est représentée à Coléah, par M. Portes fils.

EXPOSANT.

Portes fils, à Coléah (prov. d'Alger).

Bouteilles en verre de la verrerie de Coléah (14 différents calibres).

CLASSE 17.

PORCELAINES, FAYENCES, POTERIES DE LUXE.

Les Arabes fabriquent, pour leurs besoins, plusieurs espèces de poteries. Les unes affectent, le plus souvent, la forme de l'amphore ; elles servent de récipient pour l'eau, l'huile ou le grain; les autres sont employées aux différents usages de la vie domestique. Les plus répandues sont la lampe à huile (mosbah), dont la forme remonte à la plus haute antiquité; la gargoulette (*chekkalat*) et une sorte de bouteille à col évasé qui, comme la gargoulette, a la propriété de conserver l'eau fraîche. Le mode de fabrication de ces dernières poteries diffère un peu de celui des précédentes. Pour rendre la terre des gargoulettes poreuses, on mêle du sel dans une certaine proportion à la terre glaise (*tin*) qui sert à confectionner les poteries ordinaires.

L'industrie de la poterie ne s'exerce absolument que dans les villes; dans les tribus arabes, les femmes préparent bien quelques vases en terre cuite au feu, mais sous des formes et d'après des procédés tout à fait primitifs. Il faut en excepter toutefois les tribus kabyles, chez lesquelles l'instinct de la céramique paraît s'être particulièrement développé. La cause en est d'ailleurs toute naturelle : l'Arabe de la tente n'a généralement pas à sa disposition les matières premières nécessaires, et il a dû trouver d'autres expédients pour conserver son eau, pour emmagasiner ses provisions d'huile, de beurre, etc. En outre, et pour les fréquentes migrations, la poterie était trop fragile. Il l'a remplacée par la peau de bouc que lui donnent ses nombreux troupeaux et qui est devenue pour lui un ustensile de ménage d'un usage général et à l'abri de tous les hasards des voyages.

Le Kabyle, au contraire, a sous la main la matière première dont il a besoin. Il a une demeure fixe; il fabrique des vases en terre, et certaines tribus ont acquis, sous ce rapport, une réputation méritée.

La poterie kabyle consiste particulièrement en amphores de toutes tailles, à ventre rebondi et à cōl court et évasé, en gargoulettes variées, en bassins de différentes formes. Elle n'est pas vernie, mais généralement recouverte d'une couleur noire, avec des dessins et des arabesques un peu primitifs, ayant toutefois une certaine originalité. Les poteries les plus curieuses dans ce genre sont celles qui se fabriquent dans la grande Kabylie (province d'Alger).

Dans quelques parties de l'Algérie on confectionne en bois de grands plats pour la préparation du couscoussou et des cuillers pour le manger. Dans d'autres tribus, les plats sont fabriqués avec de l'alfa qu'on enduit d'une couche de goudron.

Fabricants européens d'objets en poterie de terre cuite, gargoulettes, etc. : MM. Prost, à Mers-el-Kébir, et Jaime-Aranda, à Oran.

EXPOSANTS.

Ali ben El Hadj, potier à Tlemcen (province d'Oran).

1 Lampe, 1 fr. 50 c.; une cruche, 1 fr.; un plat, 1 fr. vernissés vert.

Cercle de Tizi-Ouzou (prov. d'Alger).

2 Grandes lampes; 2 plats (*Metsered*); 1 petite lampe; 2 jarres vernies; 2 jarres non vernies; 2 gargoulettes à long col; 2 pots à deux anses; 1 pot double à anses; 4 gargoulettes triples; 4 gargoulettes simples; 1 lampe à trois becs; 1 plat.

Djelloul ben Djelloul, caïd des Beni Merhaba, de Miliana (prov. d'Alger).

Poteries, 2 fr.

Hamana ou **El Hadj**, des Beni Hillil, Djidjeli (prov. de Constantine).

1 Gargoulette.

Hadj Kouider ben Rabah, caïd des Soumatas, Miliana (prov. d'Alger).

10 Plats et un pot.

Jaime-Aranda, potier à Mers-El-Kébir (prov. d'Oran).

1 Vase terre-cuite ornementé, 50 fr.; 3 gargoulettes, ensemble 5 fr.

Mouloud El Habouchi, caïd des Beni Menasseur Gheraba (prov. d'Alger).

7 Tasses pour l'eau ou le lait; 10 plats; 1 *keskes* à cuire le *couscous;* 1 marmite; 1 plat à pied (*Metsered*).

Prost (François), potier à Mers-El-Kébir (prov. d'Oran).

21 Gargoulettes de diverses formes.

Zineb ben Youssef, des Oulad Khelf du Sahel guebeli de Sétif (prov. de Constantine).

1 Cruche; 2 tasses; 1 plat à pied.

CLASSE 18.

TAPIS, TAPISSERIES ET AUTRES TISSUS D'AMEUBLEMENT.

La confection des tapis ne constitue pas une branche de commerce. Les tapis se fabriquent sous la tente, par les soins de la famille et pour son usage. Ils n'entrent guère dans la circulation que par suite du partage des biens, de vente par autorité de justice, ou lorsque le besoin et la misère forcent les détenteurs à s'en défaire.

Les métiers employés sont très-simples : ils consistent en quatre perches dont deux sont posées verticalement et deux horizontalement. La trame est assez étendue sur les deux perches horizontales et le tissu se fait au moyen d'une navette grossière appelée *retab ;* elle est serrée avec un peigne en fer nommé *khelala.*

Les femmes arabes lavent, peignent, cardent et filent elles-mêmes la laine destinée à la préparation des tapis. Les fils sont teints par les teinturiers juifs des pays qui ont, presque seuls, la spécialité de ce travail. Le tissage se fait ensuite par un ouvrier spécial qui compose en même temps le dessin ; il est aidé dans ce travail par les femmes de la famille.

L'ouvrier tisseur va de douar en douar porter son industrie. Il reçoit, en moyenne, 10 fr. par mètre de tapis de 2 mètres 50 c. de large, et l'hospitalité du chef de la tente.

Les tapis algériens se divisent en quatre sortes qui se distinguent par l'aspect et le mode de tissage. Ce sont :

1° La *zerbia* ou tapis moquette. C'est le plus remarquable, tant sous tous le rapport de la qualité de la laine employée que pour l'agencement des nuances, la grâce et la variété du dessin qui rappellent les tapis d'Orient.

2° Le *guetif*, qui se distingue par la longueur de ses poils et sa confection bien soignée. Le *guetif* et la *zerbia*, qui sont d'un prix assez élevé, ne sont en usage que dans les familles riches ou aisées.

3° Le *hambel*, simple tissu croisé, qui a cependant beaucoup de force et de durée. sert à la fois de tapis et de couverture. Son dessin consiste en bandes longitudinales, de couleurs diversement alternées.

4° Le *metrah*, qui ressemble à certains égards à la *zerbia*, mais a le poil ras comme le *hambel*.

Le prix de revient de ces différents tapis est très-difficile à fixer ; il varie suivant le cours des laines, et les arrangements pris avec l'ouvrier tisseur, lorsqu'ils ne sont pas entièrement confectionnés dans la famille, ce qui arrive assez fréquemment.

Les tapis se fabriquent plus particulièrement à Kalace et aux environs de Mascara, et dans les tribus des environs de Biskra et de Constantine.

EXPOSANTS.

Albd-el-Kader ben Mohammed, de Bousaada (prov. de Constantine).

2 Taies de coussins en laine (*ouçadas*).

Abid ben Ameur, caïd des Beni Chebana, Sétif (prov. de Constantine).
1 Tapis en laine (*zerbia*), 150 fr.

Ahmed ben Salah, des oulad Tekelil, Sétif (prov. de Constantine).
1 *ouçada*, 20 fr.

Ahmed ben Dahmani, caïd de Hanencha (Constantine).
1 Tapis en laine longue, 1000 fr.

Ahmed Ould Ber-Raho, cercle de Sebdou (prov. d'Oran).
1 Natte en sparterie, 150 fr.

Amar Zidari, cercle de Sebdou (prov. d'Oran).
1 Natte en sparterie, 60 fr.

Ameur ben Si Mohammed, cheikh des Oulad Metaa, Sétif (prov. de Constantine).
1 *ouçada* 76 fr.

Arbi ben El Ouaïl, des Oulad Ben Lehoucha Mousli, Sétif (prov. de Constantine).
1 Tapis (*metrah*), 75 fr.

Arbi ben Si Hamouda, cheikh des Righa de Sétif (prov. de Constantine).
1 Natte en Alfa, 100 fr.

Bernardi, à Douéra (province d'Alger).
Natte en sparterie.

Bou Diaf bou Rogaa, caïd d'aïn Beïda (prov. de Constantine).
1 Tapis (*zerbia*), 150 fr.

Fratissier (Gilbert), fabricant à Alger.
1 Tapis multicolore brodé or et soie, 600 fr.

Ghalem ould el Bachir, caïd des Oulad Ali Ghoualem de Sidi Bel Abbès (prov. d'Oran).
1 Couverture de nuit (*ferachia*), 150 fr.

Hadj ben Khitter, caïd des Haraouat, Miliana (province d'Alger).
1 Natte (*hasira*), 10 fr.

Hadj ben Mansour, caïd des Bou Sellam, Sétif (prov. de Constantine).
Sac en laine (*ouçada*), 15 fr.

Hammo ben Saïd, cheikh des Eulmas de Sétif (prov. de Constantine).
1 Tapis (*metrah*), 400 fr.

Kara bel Arbi, cheikh des Eulmas de Sétif (prov. de Constantine).
1 Sac en laine (*ouçada*), 20 fr.

Lakhdar ben Brahimi, cheikh des Eulmas de Sétif (prov. de Constantine).
1 Sac (*ouçada*), 30 fr.

Lallemand, à Alger.
1 Tapis de table, doublé damas et laine à mosaïque.

Lounis naït Saïd, des Beni Oughlis, de Bougie (prov. de Constantine).
Nattes en palmier nain, 2 fr. 50 c. l'une.

Menouar (Si El), caïd de Calaa, Mascara (prov. d'Oran).
2 Tapis de Calaa, ensemble 1500 fr.

Messaoud ben Abd El Hafid, caïd d'Aïn Beïda (prov. de Constantine).
1 Tapis (*zerbia*), 150 fr.

Messaoud ben Ed Dif, cheikh des Oulad Touïdjin (prov. de Constantine).
Couverture (*ferachia*), 300 fr.

Mohammed ou Aly, caïd de Matmatas (prov. d'Alger).
1 Grand tapis, 250 fr.

Mohammed ben Kérid, cheikh des Oulad Tebban (prov. de Constantine).
Ouçada, 25 fr.

Mohammed chérif ben Bou Aziz, cheikh des Oulad Amara (prov. de Constantine).
1 Tapis (*zerbia*), 150 fr.

Mohammed chérif ben Redjem, caïd d'Aïn Beïda (prov. de Constantine).
1 *Ouçada*.

Mohammed (Hadj) **Labi**, à Alger.
Tapis de table *ou haïk* court de couleur.

Mohammed Seghir ben Gana, caïd du Ziban (prov. de Constantine).
1 Tapis courte laine, 95 fr.

Mzita (tribu des) de Bordj bou Areridj (prov. de Constantine).
1 Natte (*aguertil*), 4 fr.; 1 paillasson (hales), 20 fr.

Pérès (Jean), négociant à Batna (prov. de Constantine).
1 Natte en sparterie.

Saïd ben Bou Daoud, caïd de Hodna (prov. de Constantine).
2 *Ouçada*, 15 fr. l'un; 2 tapis, 50 fr. l'un.

Saïd ben Bou Diaf, du Hodna (prov. de Constantine).
1 *Ouçada*.

Saou ben ameur, caïd des Rerazla, Sétif (prov. de Constantine).
1 *Ouçada*, 20 fr.

Saou bou Grich, cheikh d'El Hammam, Sétif (prov. de Constantine).
1 Tapis (*Metrah*), 125 fr.

Tahar ben Seghir, des Oulad ali ben Nasser, Sétif (prov. de Constantine).
1 *Ouçada*, 25 fr.

Tobbal ben abd Allah, de Rerazla, Sétif (prov. de Constantine).
1 *Ouçada*, 20 fr.

Zerroug ben Henni, caïd des Ameur Dahra, Sétif (prov. de Constantine).
1 Tapis (*Metrah*), 150 fr.

2

CLASSE 20.

COUTELLERIE.

En Kabylie, à peu près tous les forgerons fabriquent des objets de coutellerie, principalement des couteaux, mais ce sont des instruments tout à fait primitifs de forme et de confection.

Bou-Saada, dans la province de Constantine, est le siége d'une industrie plus sérieuse en ce genre. On y fabrique des couteaux connus au loin sous le nom de bou-saadis et qui jouissent d'une certaine réputation. Ces couteaux se composent d'une lame de forme particulière et pointue, d'un manche fixe en bois ou en os consolidé par un filigrane de laiton ou d'argent et d'une gaîne enveloppée dans un étui en bois recouvert en cuir dit *filali* plus ou moins orné de broderies. La gaîne se rattache au couteau par une petite lanière qu'on passe dans le manche.

Ces couteaux, d'une forme originale, sont d'une grande utilité pour les indigènes auxquels ils servent à une foule d'usages, et principalement à se raser la tête, la barbe et d'autres parties du corps.

Un ouvrier en fer fabrique la lame et se charge généralement de confectionner le manche. Un second ouvrier fabrique la gaîne, puis un autre, l'orfévre israélite, intervient si le manche doit être entouré de filigrane d'argent.

On comprend à quelles variétés d'ornements donne lieu la fabrication de ces objets; quelquefois le manche est un fragment d'os d'autruche qui a presque le poli de l'ivoire, d'autres fois une gaîne contient deux et jusqu'à trois couteaux. Le *filali* est aussi plus ou moins brodé de soie et de fil d'argent ou d'or.

Bou-Saada n'a pas le monopole de la fabrication de ces couteaux. On en fabrique aussi dans le Hodna, chez les Ouled-Madhi, et dans quelques localités des provinces d'Alger et d'Oran.

EXPOSANTS.

Demigneux (Étienne), coutellier à Oran.

Collection de 66 instruments de jardinage et d'arboriculture.

Mohammed bel Goumeri, caïd de Bou-Saada (prov. de Constantine).

1 Couteau dit Bou Saadi, simple ; 1 *idem*, double, 6 fr. l'un.

CLASSE 24.

APPAREILS ET PROCÉDÉS DE CHAUFFAGE ET D'ÉCLAIRAGE.

EXPOSANT.

Ahmed ben El Belkhiri, forgeron de Gherazela (prov. de Constantine).

1 Lampe en fer.

CLASSE 25.

PARFUMERIE.

Il n'est pas de contrée plus favorable que l'Algérie à la production des plantes à essences; sous aucun climat la flore n'est plus riche et plus abondante, aucun ne développe davantage dans chaque plante ces principes aromatiques et parfumés qu'utilise l'industrie.

Avant notre arrivée en Algérie, les indigènes tiraient parti de quelques-unes des plantes aromatiques que produit naturellement le pays. Mais cette fabrication était très-limitée, elle se bornait aux essences de rose, de jasmin et de fleurs d'oranger.

L'usage des parfums était et est encore très-répandu chez les indigènes. Outre les parfums, les femmes emploient dans leur toilette, le *henné*, avec lequel elles se teignent en couleur oranger les ongles, l'intérieur des mains et le dessous des pieds; elles se servent, comme cosmétique, pour peindre leurs sourcils et leurs paupières, du *koheul*, mélange de sulfure d'antimoine avec de l'alun et du noir de fumée; elles ornent leur figure de légers tatouages et donnent de la blancheur à leurs dents et une nuance rosée à leurs lèvres au moyen du *souhak* (écorce de noyer).

La fabrication et le commerce des essences a pris depuis un certain nombre d'années un grand développement en Algérie, particulièrement dans la province d'Alger. Chéragas est le berceau et le centre de cette production, qui, de proche en proche a gagné la plupart des villages du Sahel et de la Mitidja.

Il est difficile de parler de l'industrie des essences sans nommer M. Simounet, pharmacien, à Alger, à qui on doit les premiers essais de distillation en Algérie. Un autre initiateur est M. Mercurin, de Chéragas, qui le premier a importé de Grasse dans la colonie la culture en grand des plantes à essences.

Les végétaux spécialement propres à la préparation des essences sont les orangers et toute la famille des aurausiacées. On en extrait le néroli, qui est l'essence la plus estimée et la plus recherchée, les essences de petit grain, de cédrat, de bigarade de Portugal, de citron et l'eau de fleurs d'oranger.

Parmi les autres végétaux de l'espèce cultivés, il faut noter le jasmin, la cassie, la tubéreuse, la verveine, le rosier, la menthe poivrée, l'origan, l'absinthe, etc. Mais la plante qui occupe la plus large place dans les cultures, comme dans la production, c'est le géranium rosa (pelargonium capitatum), qui croît avec une merveilleuse rapidité et donne une essence qui remplace l'essence de rose dont le prix est beaucoup plus élevé. Cette plante occupait plus de cent hectares en 1866, et chaque année voit s'accroître sa culture.

Les plantes qui poussent à l'état spontané dans les champs et qu'on emploie dans la distillerie sont le thym, le myrte, la lavande, l'absinthe, le fenouil, le romarin, la sauge, la marjolaine, la menthe pouliot.

Le néroli vaut de 3 à 400 fr. le kilogr.

L'essence de géranium se vend en moyenne de 70 à 80 fr. le kilogr. Le petit grain et la menthe poivrée atteignent le même prix.

Quant aux essences provenant des plantes recueillies à l'état sauvage, le prix varie de 10 à 12 fr. le kilogr. Parmi ces essences, le pouliot occupe la première place, comme chiffre de production.

Les essences fabriquées en Algérie ont jusqu'à présent trouvé leur plus large débouché à Grasse (Var). La vente cependant commence à s'étendre plus loin; certains fabricants envoient leurs produits à Paris, dans d'autres villes de la France, en Allemagne et même en Angleterre. Ces nouveaux débouchés, en s'élargissant, promettent à la culture des plantes à essences un développement qui, sans aucun doute, ira toujours en s'accroissant. Les principaux producteurs d'essences sont :

MM. Beurrey, à Rovigo; La Trappe de Staouëli; Vial, de Blidah; Gros, à Boufarick; Mercurin, à Chéragas; Thiel et Chartroux, à Mostaganem et Currat et Bordes, à Philippeville.

EXPOSANTS.

Ardisson (Louis), distillateur à Chéragas (prov. d'Alger).

Établissement fondé en 1857, renfermant cinq appareils de grande dimension et occupant 30 ouvriers. Grande culture de géranium rosa;

Collection d'essences et de parfums en calyptiens, menthe; géranium rosa, eau de rose; pommades diverses.

Barrau (Alcide), pharmacien à Bône (prov. de Constantine).

Eau de rose distillée; eau de fleur d'oranger.

Beurrey (Frédéric), distillateur à Rovigo (prov. d'Alger).

Essences d'origan, de néroli, pouliot, menthe cultivée, moka et géranium.

Chopot (Jean-Joseph), distillateur à Mouzaïaville (prov. d'Alger).

Essence de géranium, 120 fr.

Currat et **Bordes**, négociants, Philippeville (prov. de Constantine).

Essence de géranium.

Gros (Polycarpe), à Boufarik (prov. d'Alger), directeur de l'exploitation de M. Antoine **Chiris**, négociant à Grasse (Alpes-Maritimes).

La culture industrielle s'étend sur 180 hectares. La fabrique renferme 18 appareils à distillerie, 2 presses et occupe 60 ouvriers. Établissement fondé en 1857.

N° 1, essence de géranium rosa; n° 2, essence de néroli bigarade; n° 3, essence de petit grain bigarade; n° 4, essence de petit grain citronnier; n° 5, essence de petit grain de cédratier; n° 6, essence de zaather; n° 7, essence de menthe pouliot; n° 8, essence de marjolaine cultivée; n° 9, essence de céleri; n° 10, essence de fenouil; n° 11, huile à la cassie; n° 12, eau de fleur d'oranger; n° 13, eau de rose.

Hadj-Otsman, amin des Berranis à Constantine.

Eau de fleur d'oranger; eau-de-vie de rose.

Mercurin (Henri-Joseph), distillateur à Chéragas (prov. d'Alger).

Établissement fondé en 1849, comprenant 2 grands appareils.
Essences diverses, 25 flacons.

Simounet (Pierre), pharmacien à Alger.

3 hectares à Hussein-Dey et 3 hectares à l'Alma, complantés d'orangers, cassiers, géraniums, etc. Distillerie comprenant 4 fourneaux.

Essences : concrète de rose, de cassie, de géranium pur, de géranium brut, de géranium en 4 flacons mauresques.

Thiel (Georges) et **Chartroux** (Félix), négociants à Mostaganem (prov. d'Oran).

Distillerie, fabrique de parfumeries et essences, occupant 14 ouvriers; huit fourneaux.
Essences diverses : menthe glaciale; alcoolat saturé de violette; *idem* de lis; *idem* de cassie; *idem* de jasmin; extrait concentré de hyacinthe; *idem* fleur de cédratier; *idem* tubéreuse; extrait de jonquille. Essences : orange douce; orange amère; bergamotte, citron, cédrat, géranium, romarin, verveine, thym, fenouil doux; lavande, anis. Valeur de la collection, 500 fr.

Trappe de Staouëli (prov. d'Alger).

Cet établissement d'industrie agricole dont la création remonte aux premières années de la conquête, s'étend aujourd'hui sur une surface de 1000 hectares.
Essences de : géranium, coupe de juillet 1866; *idem*, coupe novembre 1866; Eucalyptus globulus; ache, néroli.

Vernhet (Pierre), à Beni-Mered (prov. d'Alger).

Essence de géranium, 1 flacon.

Vial (Guillaume), distillateur à Chéragas (prov. d'Alger).

Essences diverses : fenouil; menthe pouliot; myrthe; orange bigarade; romarin; laurier; géranium rosa; marjolaine sauvage; céleri; citron; marjolaine cultivée; sauge; petit grain bigarade; néroli bigarade; menthe anglaise; aspic.

CLASSE 26.

OBJETS DE MAROQUINERIE, DE TABLETTERIE ET DE VANNERIE.

L'art de l'ébénisterie et de la tabletterie a longtemps été florissant en Algérie. On fabriquait autrefois des coffrets ornés de marqueterie et d'inscriptions fines et délicates, de petites tables aux dessins harmonieux, d'autres petits meubles encore servant à divers usages et qui se distinguaient par la grâce et le fini du travail. On retrouve encore, quoique rarement, quelques-uns de ces objets qui datent d'une époque déjà éloignée; on n'en fabrique plus aujourd'hui qu'un très-petit nombre. Ils ont été remplacés par des articles similaires qui viennent de Paris.

Les objets d'industrie indigène qui rentrent dans le cadre de la classe 26, son généralement confectionnés avec des bois blancs recouverts de peintures aux vives couleurs. Ils consistent en étagères (*merafa*) et crémaillères (*fchouatan*) pour recevoir des armes et des pipes; appliques (*rchakat*) destinées à supporter des bougies; petites tables rondes (*koursi*) ou à pans coupés (*skamela*), sur lesquelles on place des fleurs; coffrets en bois (*rouba*) dans lesquels on dépose l'argent et les bijoux; petites cassettes à tiroirs (*fnik*), etc.

Ces petits meubles se fabriquent plus particulièrement à Alger.

C'est à Alger aussi que se confectionnent les objets en *filali* qui sont du ressort des ouvriers en cuir, les porte-monnaies, les sacs à tabac, les sacs dits *filali*, etc. On fabrique cependant ces mêmes objets dans plusieurs localités du Sud des provinces de Constantine et d'Oran.

Les pipes dont se servent les Arabes sont composées d'un long tuyau en bois de merisier ou de cérisier; d'un foyer soit en terre, soit en bois, portant des incrustations en cuivre, nacre et corail ; et d'un bouquin d'ambre ou de verre.

De ces divers objets, les tuyaux se fabriquent un peu partout, en Algérie; les foyers incrustés se font à Mostaganem qui en a la spécialité : quant aux foyers en terre et aux bouquins, on les tire de Smyrne ou de Constantinople.

La confection des objets de vannerie est en quelque sorte monopolisée par les nègres. Les nattes, paniers, corbeilles, qui sortent de leurs mains sont bien tressés et très-solides; et les ornements en drap qui les enjolivent leur donnent un cachet de véritable originalité.

Les principaux fabricants ou marchands d'articles indigènes sont :

A Alger : MM. Lelouch Mimoun, lanternes arabes; Salomon Hadjadj , plateaux en métal repoussé; Moïse Hanoun, objets en bois sculpté; Porcellaga, objets en thuya et œufs d'autruche; Ben Sahdoun et Mustapha Raïato.

EXPOSANTS.

Ahmed ben Saad, caïd des Oulad Aïssa (prov. de Constantine).

2 tasses alfa (*guennouna*).

Bachir ben El Guezzi, caïd des Oulad Feradj (prov. de Constantine).

2 tasses (*guennouna*) ; 2 tasses (*tobak*).

Beaudroit (Charles), à Alger.

Cave à liqueurs, style mauresque; 250 fr.

Becker et Otto, fabricants, 79, rue du Temple, Paris.

Collection d'objets d'ébénisterie; emploi des bois de l'Algérie.

Bou Addi ben Mohammed, caïd des Oulad Ameur (prov. de Constantine).

2 tasses alfa (*guennouna*).

Bou l'Assel, d'El Djenah-Djidjeli (prov. de Constantine).

1 porte-monnaie (*testad*), 10 fr.; 1 ceinture kabyle (*hazam*), 10 fr.

Brahim, cheikh des Nègres-Bornou, à Constantine.

1 panier (*kouriou*), 3 fr.; 1 plateau (*felahi*), 3 fr.; 1 corbeille (*chebik*), 5 fr.; 1 coffret, 10 fr.

Cercle de Tizi-Ouzou (prov. d'Alger).

9 cuillers en bois ; 1 cuiller en corne.

Corporation des nègres de Biskra (prov. de Constantine).

Objets en palmier, corbeilles, plateaux, paniers; le tout 30 fr.

Courcier (Ambroise), ferblantier à Tlemcen (prov. d'Oran).

2 porte-allumettes à cylindre conducteur, en melchior; 5 fr. l'un.

Desaitre (Mme), à Tlemcen (prov. d'Oran).

Jardinières et vases rustiques en bois du pays.

Duthois, fabricant, rue Chapon, n° 44.

Collection d'objets d'ébénisterie; emploi des bois de l'Algérie.

Gerson et **Weber**, 140, rue du Temple, à Paris.

Collection d'objets d'ébénisterie; emploi des bois de l'Algérie.

Hadjadj (Salomon), ciseleur, à Alger.

1 grand plateau, cuivre ciselé, 50 fr.; 1 petit plateau, id., 15 fr.; 1 plateau argenté, 30 fr.

Hamidou-Azzouz, au Fort Napoléon (prov. d'Alger).

4 cuillers en bois.

Hanoun (Mardochée), à Alger.

1 pipe longue, sculptée.

Hanoun (Moïse), à Alger.

Grattoir en bois sculpté pour la peau, 30 fr.

Hassen ben Hadj Kaddour, fabricant, à Alger.

6 fourneaux de pipes en racine de caroubier, incrustés cuivre.

Ismaël ben Ali, caïd du Hodna (prov. de Constantine).

1 panier-coffre, 1 corbeille sparterie.

Leturc (Édouard-Pierre), entrepreneur général de la maison de Lambese, à Marcouna (prov. de Constantine).

2 étagères découpées; 1 étagère non découpée; 2 corbeilles découpées; 2 éventails découpés; 1 éventail non découpé; 2 nécessaires pistachier et cyprès; 5 petits coussins et 1 grand en alfa.

Maréchal, 24, rue des Gravilliers, à Paris.

Cave à liqueurs et autres objets d'ébénisterie; emploi des bois de l'Algérie.

Mekhri (El) ben Saïd, cheikh de Bou-Saada (prov. de Constantine).

1 tasse en *alfa*; 1 plat en alfa.

Mercier, 24, rue des Gravilliers, à Paris.

Collection de tabatières; emploi des bois de l'Algérie.

Mimoun-Lellouche, fabricant, à Alger.

8 lanternes arabes.

Mohammed Bakir, à Collo (prov. de Constantine).

10 tuyaux de pipes en merisier du pays.

Mohammed ben Si Hassaïn, menuisier, à Tlemcen (prov. d'Oran).

1 petite table en bois peint (*mida*), 15 fr.; 1 coffret en noyer, garni en cuivre, 30 fr.

Mzita (Tribu des), Bordj Bou Areridj (prov. de Constantine).

Panier (*tazerrat*); panier rond (*takouft*).

Plasse (Mme veuve) et **Oberty**, négociants à Constantine.

1 corbeille de fleurs artificielles pour salons et chapeaux, 60 fr.

Porcellaga (Jules), bijoutier, à Alger.

1 coupe en thuya, 35 fr.; 5 vide-poches en thuya, garnis d'œufs d'autruche et pieds en cornes de gazelle; 2 lampes en thuya avec œufs d'autruche pour globes; 2 coupes en thuya.

Pottier (Louis), marchand, à Alger.

1 plateau en thuya.

Sadoq ben Bou Aziz, de Fedj-Moussa, Edough. (prov. de Constantine).

2 assiettes, bois sculpté, 3 fr.; 7 cuillers, 7 fr.; fourchettes à 1 fr.; assiettes à 5 fr.; plats (*metsereds*) à 5 fr.

Salem ben Zouaouï, nègre à Alger.

5 corbeilles en palmier et drap.

Schlose (Simon) et neveu, 15, rue Chapon, à Paris.

Objets d'ébénisterie; emploi des bois de l'Algérie; œufs d'autruche travaillés.

Seghir El Zenagui, à Oran.

1 coffret peint en vert.

QUATRIÈME GROUPE.

CLASSE 27.

FILS ET TISSUS DE COTON.

On fabrique en Algérie quelques étoffes grossières, en coton, mais en très-minime quantité. Les tissus employés par les Européens et par les indigènes viennent en grande partie des manufactures françaises qui entretiennent sous ce rapport un commerce considérable avec la colonie.

Les filés et tissus exposés dans la classe 27 ont donc été fabriqués en France; mais avec des cotons de production algérienne.

EXPOSANTS.

Compagnie Française des Cotons et Produits agricoles algériens. *A. du Mesgnil*, administrateur-directeur.

I. Coton Longue Soie.

Fil simple n°s 60 et 80, chaîne mécanique pour mousselines, articles de Saint-Quentin et Tarare; *idem* n°s 100 et 120, trame *id.*; *idem* n°s 60 et 80, chaîne en échevettes pour mousseline à la main; *idem* n° 100, trame, *id.*; fil retors 2 bouts, gazé et laminé, n°s 80 et 120 pour tulle et bonneterie fine; *idem* 3 bouts gazé écru, n°s 60 et 80 chaîne pour tulle et bonneterie fine; fil cablé en 6 bouts, n° 120 pour coudre; fil retors en 2 bouts, blanchi et laminé, n°s 60, 100 et 120, pour tulle et rubans; *idem* en 3 bouts n°s 60 et 80 chaîne pour mêmes tissus; fil retors cablé en 6 bouts, blanchi, n° 80, pour coudre; fils nuancés, dits fils perses, 2 bouts, n°s 60, 80, 100 et 120, pour rubans, ganterie, nouveautés; fils cables, 6 bouts, en nuances, n° 120, pour couture et filets; fils glacés noir, blanc et couleurs, n°s 60, 80, 109 et 120, pour couleurs, taffetas, passementeries; *idem* cablés, 6 bouts, noir, blanc et couleurs, n°s 80 et 120, pour coudre à la main et à la machine. — (Ces filets ont été fabriqués à la filature de MM. I. Thiriez, père et fils, à Lille.) Une pièce tulle. — Fabrication Crisquin et Pinet, à Saint-Pierre-lès-Calais.

II. Coton Courte Soie.

Bobines n°s 14, 20, 23, 36 et 30; dévidés n°s 18, 34 et 46, bonneterie; *idem*, n°s 26 et 40, chaîne. (Filature François Delamarre de Bouteville, fils, à Rouen.)

Pièces Rouennerie, fabrication Aulney Jne à Rouen.

Bretelles, fabrication Rivière et Cie, à Rouen.
Écrus, fabrication Desgenetais frères, à Bolbec.
Articles de Flers, fabrication Pouchard et Rocher, à Flers.
Articles de Flers, fabrication Forge et Quentin, à Flers.
Articles de Flers, fabrication I. Lemaître à Flers.

Delebart-Mallet, à Fives-lès-Lille (Nord).

Emploie des cotons de l'Algérie; fils, filés et tissus n° 90 à 220 m/m.; trames bobinées et canettes, n° 100 à 250 m/m.; retors deux bouts pour tulle, n° 80 à 40 m/m.; retors en couleur pour ganterie et articles nouveautés; blanc pour tulle et dentelle; types de divers tissus; fil et tissus de soie végétale.

Dollfus-Mieg et Cie, à Mulhouse (Haut-Rhin).

Cotons, chaîne et trame, blanchis et non blanchis, fils et tissus de coton; produits algériens.

Herzog, filateur à Logelbach (Haut-Rhin).

Tissus de cotons avec les produits algériens, récoltés à Saint-Denis du Sig (province d'Oran), organdi unis blanc (province d'Oran); Jaconas 24 fils blanc (province d'Oran), écru; *idem*, 30 fils bleu; *idem*, écru; organdi à bandes écrues (province d'Oran), *idem*, algérien et Jumel; organdi, uni algérien, organdi faconné petit filet, bas de coton d'Algérie, écru, 3 qualités diverses. Coton, Bobines, Canettes. (Voir les produits bruts, classe 43.)

Janisson fils, à Tarare (Rhône).

Mousselines, organdis, tarlatanes, etc., emploi de cotons de l'Algérie.

Ledou-Bedu et Cie, à Saint-Quentin (Aisne).

Percale, Plumetis, Mouchoirs, Nansouks, Jaconas, Devants de chemises, Satins pour fleurs, etc., emploi de cotons de l'Algérie.

CLASSE 28.

FILS ET TISSUS DE LIN, DE CHANVRE, ETC.

Les tissus de lin, de chanvre et des autres végétaux textiles qui se consomment en Algérie y sont apportés par le commerce qui les tire, en grande partie, des fabriques de la métropole. Il convient de constater toutefois que dans les cercles de Bougie et de Djidjelli, les Kabyles tissent, avec des chanvres et des lins du pays, une toile grossière, mais très-solide, dont le prix est de 5 fr. 50 cent. la pièce de 3 mètres 50 centim. de long sur 70 centim. de large. Cette production est du reste limitée aux besoins locaux.

Les filés et tissus présentés dans la classe 28 ont été fabriqués en France avec des matières textiles d'origine algérienne.

EXPOSANTS.

Ahmed ben Saïd, cheikh des Oulad Ayad, Djidjelli (prov. de Constantine).
Toile de lin, 2 mètres : 4 fr. 50.

Ali ben Hassaïn, de Bour ben Messaoud, de Bougie (prov. de Constantine).

Toile de lin de 0 m. 50 cent. de large, à 1 fr. le mètre.

Compagnie française des Cotons et Produits agricoles algériens. *A du Mesgnil*, administrateur-directeur.

Lin d'Italie algérien, peigné. Étoupes de peignage. (Peignage : Brigot et Cie à Bernay.)
Lin de riga algérien, coupé, peigné. (Peignage : Droulers et Agache, à Lille).
Lin de riga algérien; peigné; *idem*, genre Flines pour batistes; étoupes de peignage; lin de riga algérien surfin pour dentelles, peigné; *idem*, étoupes de peignage. (Peignage : L. Poulet fils, à Lille.)
Fil d'étoupe, lin riga, écru, nos 20 et 80 pour coutil militaire ; *idem*, lin d'Italie, écru, no 16 pour lissures; fil de lin riga algérien, écru, nos 30 et 40, pour fournitures militaires; *idem*, nos 110, 120 et 140 pour batistes; *idem*, crémé, nos 30, 40 et 60; *idem*, débouilli, nos 80, 100, 110, 120, 140.
Toile pour chemises; toile linon pour mouchoirs. (Fabrication : Bertrand-Milcent, à Cambrai.)
Service complet, linge de table damassé, de 24 couverts, sortant des ateliers de MM. J. Casse et fils, à Lille.
Nota. — Ces divers emplois des lins d'Algérie ont eu lieu sous la surveillance de M. Farnèse Favarcq, de Lille.
Une pièce toile écrue, fabriquée avec des étoupes de teillage par M. Vandesmet, à Watten (Nord).
Cordages goudronnés, diverses grosseurs, 10 échantillons. (Prix de ces cordages : 90 fr. les 100 kilos, au lieu de 125 fr. en chanvre.)
Cordages blancs, 4 échantillons. (Prix de ces cordages : 110 fr. les 100 kilos, au lieu de 160 fr. en chanvre.)
Lignes goudronnées, 6, 9 et 12 fils; *idem*, blanches, 6, 9 et 12 fils. (Fabriquées avec des étoupes de lin à la Corderie maritime de Ve Bataille-Rossard et fils, à Dunkerque.)

Ministère de la Guerre. — *Emploi des lins de l'Algérie.*

Travaux exécutés sous la direction de M. **Farnèse Favarcq** par MM.

Walaert frères, à Lille.

Lin écru, no 25; Lin blanchi, no 25, 1 pièce toile demi, 1 pièce toile blanche.

Droulers et Agache, à Lille.

1 paquet fil lin, no 40; Chaîne pour coutil et toile impériale; *idem*, no 40, chaîne pour toile, baptiste, et linge de table; *idem*, no 80, pour toile et baptiste; *idem*, nos 110, 120, 140, pour baptistes, linons, mouchoirs, et fils à dentelles; *idem*, nos 70, 80, 90 pour toiles.

Victor Saint-Léger.

1 paquet fil de lin no 30 pour fil à retordre; *idem*, no 40; *idem*, fils pour lissures; fils à coudre, noir et couleur; fils à dentelle.

Boutry et Van Isselsteyn à Lille.

1 pièce treillis pour pantalons de cavalerie; 1 pièce pour pantalons et blouses de cuisine; *idem*, toile à chemises militaires; *idem*, toile blanche fabriquée avec étoupes nos 80 et 90.

Bertrand Milcent, à Cambrai.

1 pièce baptiste écrue 60/80; 1 *idem* blanche, 60/80; 1 *idem* écrue 100/120; 1 *idem* blanchie 100/120; 1 *idem*, mouchoirs, linons écrus 110/140; 1 *idem*, *idem* blanchis 110/140; 1 *idem* linon pour coutil ou surplis.

Ed. Mas, à Lille.

1 pièce toile écrue 60/80.

François Debuchy, à Lille.

Coupon de toile impériale écrue 40/40; coupon *idem* blanchie 40/40; coupon *idem* couleur 40/40; coupon satin blanc 40/40.

Jean Casse et fils, à Lille.

1 service linge table damassé de 24 couverts.

Vande Wynekele, à Commines.

Fils à dentelle, retords 3 bouts provenant du n° 140.

Lheureux frères, à Saint-Pierre-ès-Calais.

Dentelles dites de Cluny; fils à dentelles à la main; dentelles dites Valenciennes.

Monchain, à Lille (Nord).

Fils et tissus de lin d'Algérie.

Récolte de MM. Nicolas et Plaetwoët de Bône:

Paquets fils de lin jaune nos 40, 45, 50, 55, 60, 65, 70, 80, 90, 100. 10 échantillons ou échevettes du n° 40 au n° 100. Assortiment fils simples toutes couleurs; assortiment fils retords à coudre, toutes couleurs; coupe satin fils pour pantalon; 9 serviettes damassées; 10 paquets de lin peigné; 3 bottes lin d'Algérie teillé et roui en Algérie.

Moussa ben Ahmed, des Beni Bou Messaoud, Bougs (prov. de Constantine).

Toile de lin, 10 mèt. à 1 fr. le mèt.

Nicolas (Frédéric), propriétaire à Guebar bou Aoùn (prov. de Constantine).

Lin algérien manufacturé par Leblanc frères, à Lille; fils de lin et d'étoupe, crémés et écrus; toile écrue, toile blanche, toile bleue; 1 carte : lin teillé, peigné; étoupe, fil et toile.

Saïd ben Braham, de Beni Oughlis, Bougie (prov. de Constantine).

Toile de lin, 10 mèt. à 1 fr. le mètre.

CLASSES 29 ET 30.

FILS ET TISSUS DE LAINE PEIGNÉE ET CARDÉE.

Tissus de laine fabriqués en Algérie.

Le tissage des étoffes de laine, chez les indigènes de l'Algérie, est une industrie purement domestique; il n'existe chez eux rien d'analogue à ce que l'on nomme une fabrique.

Les étoffes tissées consistent en :

Burnous, vêtement particulier et principal de l'homme ;

Haïks, vêtements communs aux deux sexes;

Freschias, couvertures ;

Feridji, tissus pour tente;

Tellis, double sac, destiné à recevoir du blé ou des effets d'habillement.

Il sera parlé de ces divers objets aux classes 35 et 38.

Les étoffes de laine sont rarement en pièce, le plus souvent elles reçoivent, au moment de la fabrication, leur destination définitive, vêtement ou objet de voyage et de campement. Parmi les étoffes qui ne se trouvent pas dans ce cas, il faut noter un tissu multicolore d'assez belle qualité et un autre tissu grossier rayé noir et blanc. L'un et l'autre semblent exclusifs aux m'zabites dans le pays desquels ils se fabriquent, et qui s'en font des *qchabias*, espèce de sarreau étroit et sans manches.

Les tissus en laine, fabriqués par les Arabes, sont faits d'après un système primitif, c'est-à-dire en simple chaîne et en simple trame. Ce sont les femmes, dans les tribus, qui filent la laine, qui la peignent le plus souvent et qui tissent l'étoffe. Tout l'outillage consiste dans deux traverses en bois de 3 à 4 mètres de longueur, que l'on fixe sur des piquets fichés en terre, et sur l'une desquelles est enroulée la chaîne du tissu à fabriquer. Deux roseaux remplacent les deux parties du métier du tisserand, dont le mouvement vertical alternatif divise la chaîne et livre passage à la navette. En Algérie, on n'emploie pas de navette, ce sont les doigts de la tisseuse qui conduisent le fil de trame, et, selon le genre du tissu, le battant du métier du tisserand est remplacé par une espèce de peigne en fer ou en bois, au moyen duquel les fils de trame sont rapprochés les uns des autres. Les femmes parviennent, dans ce travail, à un prodigieux degré de dextérité, et elles produisent des étoffes qui, pour la régularité, le disputent aux tissus ouvrés par les machines, et leur sont supérieures, pour la souplesse et la durée.

L'industrie française a le monopole à peu près exclusif de la fourniture des étoffes de laine aux Européens fixés en Algérie. Elle fabrique aussi une assez notable quantité de tissus de même nature à l'usage des indigènes, malgré le préjugé qui veut que les objets, dont se sert un bon musulman, soient fabriqués dans le pays de l'Islam.

Les filés et tissus de laine, de provenance française, sont exposés pour montrer le parti qu'on peut tirer des différentes sortes de laines de l'Algérie.

EXPOSANTS.

Ali ben Larbi, à Aïn-Berda (prov. de Constantine).

Laine filée, 65 kilog.

Compagnie Française des Cotons et Produits agricoles algériens. *A. du Mesgnil*, administrateur-directeur.

Laine indigène de Constantine, peignée, 1re, 2e, 3e, 4e qualités et débris. — *Idem*, blousse, 1re, 2e, 3e, 4e qualités et débris. (Peignage, *Dupont-Froment* et Cie, à Amiens); laine indigène de Constantine, 1re qualité, 1/2 chaîne dévidée, n° 16. — *Idem*, 2e qualité, trame 9. — *Idem*, chaîne 15. — *Idem*, trame, 18. — *Idem*, 1/2 chaîne, 18. — (Filature *Tranchart fils*, Réthel). — *Idem*. Bobines et devidés nos 15 et 18 pour bonneterie, 50 échantillons. — (Filature *Thiré Debeauvais*, à Bury [Oise]) — 3 échantillons *étamine* à pavillon.

Grossin de Tourcoing (Charles) et A. Degoy à Roubaix.

Laine blanche cardée et peignée et en échevettes.

M'ahmed ben Salah, cheikh de Beni Guecclia, Guelma (prov. de Constantine).
Laine filée et teinte en jaune, 1 kil. 1 fr.

Merle frères, fermiers de M. Fréderic Nicolas, à la ferme de Sidi Hameida, plaine de Bône (prov. de Constantine).
Laine cardée filée.

Poncin (V.) et Cie, à Elbeuf (Seine-Inférieure).
Tissus de laine, draps; emploi des laines de l'Algérie.

Saïd ben Menia, caïd de Djidjeli (prov. de Constantine).
Pièce d'étoffe de laine, tissage indigène.

CLASSE 31.

SOIES ET TISSUS DE SOIE.

Avant la conquête, Alger fabriquait la plus grande partie des étoffes de soie employées dans la régence ; Tunis seule lui faisait concurrence. Mais peu à peu l'industrie lyonnaise s'est emparée de cette fabrication, et aujourd'hui elle est entrée en possession presque complète de l'approvisionnement algérien.

La ville d'Alger a conservé toutefois la confection des broderies et passementeries particulières avec lesquelles les indigènes ornent leurs vêtements. Dans la fabrication des *haïks*, les indigènes mélangent souvent la soie avec la laine, de manière à former des bandes parallèles, dont l'éclat se détache sur l'étoffe, et produit un bon effet.

La soie dont on se sert est de provenance française, car les Arabes n'élèvent pas de vers à soie, c'est même une industrie qui leur a toujours été inconnue, quoique le mûrier réussisse très-bien en Algérie.

Les principaux tissus expédiés par la fabrique lyonnaise sont: les satins unis et brochés, les reps, les damas, les lampas, quelques moires unies et antiques. La majeure partie de ces tissus sont de qualité inférieure, et souvent la chaine est en coton. Les reps, les damas et les lampas, employés pour les robes de femmes, sont les mêmes qu'on emploie en France pour le meuble. Les femmes indigènes, les juives principalement recherchent ces tissus à cause de leurs dessins à grandes dispositions qui en augmentent l'éclat. Il se fait même à Lyon des satins brochés or fin et mi-fin pour cet usage exclusif. Les autres articles que l'on tire de Lyon sont les taffetas unis et façonnés, les florences, les foulards imprimés ou à bandes d'or et d'argent, une grande variété de gazes, crêpes, tulles de couleurs tendres, des rubans, etc.

Les étoffes de soie, présentées à l'exposition, ont été tissées par les premiers fabricants de Lyon, avec des soies récoltées et filées par des colons algériens.

EXPOSANTS.

Abram (le Rév. P.), directeur de l'Orphelinat de Misserghin (province d'Oran).
Soie grége.

Charlot père, à Boufarik (province d'Alger).
Soie filée, blanche et jaune.

Fouet (Mme veuve), à Saint-Charles (province de Constantine).
Soie filée, blanche et jaune.

Jardin d'acclimatation d'Alger, *Hardy*, directeur.
Soies gréges, blanches et jaunes; des vers à soie du mûrier du Japon.

Ministère de la Guerre. — *Emploi des soies de l'Algérie.*
Travaux exécutés sous la direction de **MM. James et Aillaud**, *par MM.* :

BROSSET ET HECKEL, à Lyon.
Satin marron, 34 m. 20.

FREMINET FRÈRES, à Lyon.
Velours royal pensée; velours frisé pensée; gros d'Afrique vert moyen.

LAMY et GIRAUD, à Lyon, ancienne maison Lemire.
Lampas bleu, gris et blanc, 2 m. 50; moire antique, 2 m. 10; lisson, 2 m. 60.

MATHERON et BOUVARD, à Lyon.
Lampas cramoisi, 3 m. 10; damas bouton d'or double, 3 m.; taffetas cerise fin, tout or fin, 2 m. 80; gaze fond vert, tout or fin, 2 m. 75.

SAVOIE, RAVIER et CHANUT, à Lyon.
Poult-de-soie, 11 m.; gros de Suez, 11 m. 10; taffetas broché, 12 m. 40.

TEILLARD, à Lyon.
Moire antique, or, 14 m. 10.

Rémy-Long, à Blidah (province d'Alger).
3 écheveaux de soie blanche et jaune, filée à froid, au petit tour, 30 f.

Reidon (E.), à Birmandreis (province d'Alger).
Soie blanche et jaune en écheveaux; cocons japonais et milanais.

Valladeau (Pierre), à Boufarik (province d'Alger).
Soie filée, blanche et jaune.

CLASSE 33.

DENTELLES, TULLES, BRODERIES ET PASSEMENTERIES.

On a vu plus haut (classe 31), que les broderies et les passementeries dont les indigènes se servent pour orner leurs vêtements sont fabriqués à Alger.

En dehors de ces objets spéciaux aux vêtements, on confectionne sur divers points de l'Algérie des broderies d'or, d'argent ou d'imitation pour selles et sur cuir ou velours. Les objets brodés sont ordinairement des couvertures de selles, des brides, des poitrails, des *djebiras* (portefeuilles de selles) et des chaussures. On fait les mêmes ouvrages en broderie de soie.

Les autres broderies d'or, d'argent ou de soie à l'usage des hommes et des femmes se font à Alger. Les matières premières, en y comprenant les paillettes, sont fournies par la France.

L'industrie française, avec son habileté et les grandes ressources dont elle dispose, imite depuis longtemps déjà les dessins et les objets à l'usage des Orientaux, et au moyen de son mi-fin, elle a mis à la portée de toutes les fortunes des broderies et des objets qui ont beaucoup d'apparence et dont il se fait un grand débit. On peut donc prévoir le moment où la fabrication française aura complétement remplacé sous ce rapport le travail indigène.

EXPOSANT.

Seghir el Zenagui, d'Oran.
2 paquets, passementeries.

CLASSE 34.

ARTICLES DE BONNETERIE, DE LINGERIE, OBJETS ACCESSOIRES DU VÊTEMENT, ETC.

Les Israélites aisés, les musulmans habitant les villes et quelques chefs de grandes tentes, portent presque seuls des bas ou des chaussettes ; chez les indigènes de toutes classes les deux uniques objets de lingerie en usage, sont la chemise en étoffe de coton de fabrique française, et la *gandoura*, qu'on achète toute confectionnée dans les villes. — L'usage du mouchoir est fort restreint et celui des gants n'est point pratiqué.

Les éventails fabriqués par les indigènes pour leur usage, sont de deux sortes : l'éventail ordinaire formé de feuilles de palmier nain ou de palmier dattier tressées ; et l'éventail en plumes d'autruche avec ornements divers. La forme du premier est carrée, celle du second est arrondie.

On confectionne également des écrans d'une forme arrondie avec des feuilles de palmier.

L'Algérie produit en abondance des bois propres à la fabrication des cannes. Les plus remarquables sont le palmier-dattier qu'on trouve dans les oasis du Sud, les branches du myrte, de l'olivier, du citronnier, du chêne vert, du genévrier, de l'épine, du jujubier, du thuya, etc., qui se rencontrent sur beaucoup de points de la colonie, principalement sur le littoral.

Fabricants de cannes et objets de la classe :

MM. Seckel, à Alger et Salles, à Blidah.

EXPOSANTS.

Compagnie française des cotons et produits agricoles algériens. *A du Mesgnil*, administrateur-directeur.

EMPLOI DES COTONS COURTE SOIE.

Articles de bonneterie française.

Fabrication Bégué-Rozé, à Méry (Aube).
Id. Doré et Cie, à Troyes. »
Id. Doré-Doré, aux Grès. »
Id. Berton Leblanc, à Arcis. »
Id. Marot frères, à Troyes. »
Id. Coutant, Dubuy, Maréchaux, à Paris.

Articles de bonneterie anglaise.

Fabrication Dorez Souillard, à Villemaur (Aube).

Combier, rue de Grenelle-Saint-Honoré, 41, à Paris.

Collection de cannes en bois de l'Algérie.

École arabe française des jeunes filles musulmanes, de Constantine, directrice Mme veuve *Parent*.

Travaux exécutés par les élèves : chemises; cravates; chaussettes; couvre-pieds; châles; capelines; bonnets; coussins; pelotes; blagues à tabac, etc. — Un sottormia velours et or, 60 fr. 50; une poupée costume d'homme de ville, 90 fr.; une autre costume de femme de ville, 78 fr. 50; une autre, femme de la campagne, 49 fr. 40.

Écoles diverses de jeunes filles, en Algérie.

Travaux à l'aiguille :
Philippeville (Doctrine chrétienne), 1 chemise d'homme, 1 camisole.
Cherchel (École Cogno), 1 chemise fillette.
Alger (Saint-Vincent-de-Paul), 1 chemise fillette.
Médéah (Saint-Vincent-de-Paul), 1 chemise garçon.
Mustapha (Orphelinat), 1 devant de chemise, 1 camisole.
Ténès (Saint-Vincent-de-Paul), 1 chemise garçon.
Blidah (Doctrine chrétienne), 1 chemise d'homme.
Bône (Doctrine chrétienne), 1 devant de chemise, 4 écrans ailes de sauterelles.

Leguay, fabricant, rue Neuve-de-l'Université, 2, Paris.
Divers objets de bonneterie. — Emploi des cotons de l'Algérie.

Orphelinat de jeunes filles, de Bône, directrice, sœur *Saint-Bernard*. (Province de Constantine).

Cet établissement fondé en 1853, entretient aux frais de la province 90 orphelines qui y sont occupées tour à tour à des travaux agricoles, de ménage et d'aiguille.
Layette comprenant : robes, brassières, souliers, chemises, bavettes, langes, etc. 1 chemise d'homme.

Ouvroir musulman d'Alger. Directrice, Mme Eugénie *Luce*.

Ancienne école arabe française de jeunes musulmanes, convertie en Ouvroir-École, en 1845, et en Ouvroir en 1861. Cet établissement comprend 20 ouvrières et 100 apprenties.

1 robe, étoffe de Tunis, 500 fr.
1 *burnous* blanc, idem, 200 fr.
1 *burnous* rouge, idem, 220 fr.
1 *burnous* marron, idem, 175 fr.
1 tapis de table sur toile, 180 fr.
2 rideaux brodés.

Plasse (Mme veuve) et *Oberty*, à Constantine.

4 éventails plumes d'autruche, 60 fr.

Salles (Jean-Paul), fabricant à Blidah (province d'Alger).

Collection de 192 cannes de divers bois de la localité. La pièce, 3 fr.

CLASSE 35.

HABILLEMENTS DES DEUX SEXES.

Chez les indigènes, le costume pour les hommes est de deux sortes, celui de l'habitant des villes (Maure) et celui de l'Arabe des tribus.

Les différentes pièces d'habillement de l'habitant des villes sont :

La chemise en calicot *kamidja*, le large pantalon à plis *seroual*, deux gilets, *bedaïa*, sans manches et fermés ; un autre gilet, *hebaïa*, ouvert et flottant ; une veste, *rlila*, coupée à la hauteur de la taille et à manches étroites ; une large ceinture *hazem* en soie, laine ou cachemire.

La plupart de ces vêtements sont en drap de couleurs sombres pour les jours ordinaires, de couleurs claires et voyantes pour les jours de fête ; les uns et les autres sont brodés et soutachés.

La coiffure se compose d'une ou plusieurs calottes en laine blanche, *cabouz*, qui adhère fortement à la tête et par-dessus laquelle on en place une seconde plus grande de laine rouge *chechia* et autour de laquelle on enroule le *turban*, simple pièce de calicot, pièce de mousseline brodée d'or, ou cachemire, suivant la position de fortune de celui qui le porte.

Les chaussures sont de larges babouches, *sabat* à bouts arrondis et sans talons, rarement des bottes, *mest*.

Par-dessus ce costume se pose le *burnous* en laine blanche et léger pour l'été, en drap ou en poil de chameau pour l'hiver.

L'Arabe qui vit sous la tente, est vêtu différemment. Par-dessus la kamidja et le seroual qui le plus souvent pour lui est en calicot ou en coutil, il porte le *haïk* qui l'enveloppe depuis le haut de la tête jusqu'à la ceinture.

Par-dessus le haïk se placent deux et quelquefois trois burnous. Chez les personnes de distinction le burnous extérieur est en drap et il couvre une *rlila* et des *bedaïas*.

La coiffure se compose de *cabouz* en laine blanche par-dessus lesquels se met une chechia rouge, recouverte elle-même par le haïk autour duquel s'enroule, en guise de turban, une large corde en poil de chameau (*berrima*).

Les pieds sont chaussés soit de babouches, *sabbat*, soit de bottes en maroquin, *mests*, ou *temak*.

Dans le sud, les indigènes, pour se garantir du soleil, portent de grands chapeaux, *mdoll*, faits de feuilles de palmier et garnis de plumes d'autruche.

Le costume des femmes dans les villes se compose généralement de la manière suivante :

Par-dessus la chemise un *caftan*, long vêtement en drap, avec manches, ouvert sur le devant qui est brodé ou garni de passementeries en or, argent ou soie. Sur le caftan deux ou trois *gandouras*, robe sans manches en drap, soie ou cotonnade, le tout serré à la taille par une ceinture de laine ou de soie. Quand les femmes sortent, elles posent sur leur visage un voile, *adjar*, en mousseline, qui ne laisse à découvert que les yeux et la naissance du nez, et par-dessus un haïk qui partant du front, enveloppe la tête et le reste du corps.

Sur la tête, certaines femmes portent soit une petite *chechia* autour de laquelle s'enroule un foulard, soit simplement un foulard. La chaussure habituelle est la babouche plus ou moins ornée.

Dans les tribus, le costume des femmes varie à l'infini, suivant le pays ou la condition de la femme; il est toujours très-simple, se composant d'une espèce de robe en calicot ou en laine, serrée à la taille par une ceinture en laine.

Pour les enfants, les vêtements, dans des proportions moindres, suivant le sexe, sont les mêmes que ceux de leurs parents.

Tous les vêtements en laine, moins ceux en drap, sont fabriqués sous la tente, au métier, pour la consommation de la famille. Quelques localités cependant ont une spécialité pour ce genre de fabrication et produisent pour le commerce, notamment les cercles de Biskra et de Bordj bon Arreridj dans la province de Constantine.

Les *chechias* viennent de la Tunisie et de France. Les *cabouz* se fabriquent à Constantine. Quant à la chaussure, on la confectionne dans tous les centres de population de quelque importance, mais plus particulièrement à Alger, Constantine et Tlemcen.

EXPOSANTS.

Abd er Rahman bel Gandouz, caïd d'Aïn Turk (prov. de Constantine).

Gandoura.

Ahmed ben Bahi de Msila (prov. de Constantine).

Haïk de femme.

Ahmed ben Hassen, cheikh de Noual, Sétif (prov. de Constantine).

Haïk en laine, 80 fr.

Ahmed ben Yllès, caïd des Beni Seliman, Sétif (prov. de Constantine).

1 *gandoura* laine et soie, 100 fr.

Ahmed ou **Mahmed Ihaddaden**, d'Ait Ferah-Beni-Raten (prov. d'Alger).

1 paire sabots bois. *Kabkab.*

Ahmed ben Kerbouche, de Msila (prov. de Constantine).

1 paire de souliers de femme, 100 fr.

Ahmed ben Merzouga, caïd des Bou Rached, Miliana (prov. d'Alger).
2 chapeaux palmier nain, 2 fr. l'un.

Ahmed ben Mohammed Seghir, cheikh des Bou Thaleb (prov. de Constantine).
Haïk en laine, 115 fr.

Ahmed ben Seliman, caïd des Eulmas, Sétif (prov. de Constantine).
Burnous, 50 fr.

Ahmed Bey, caïd des Righa Dahra, Sétif (prov. de Constantine).
Burnous en poil de chameau, 150 fr.

Ahmed Bey, Ben Chennouf, caïd du Zab Chergui, Biskra (prov. de Constantine).
Corde de tête en poil de chameau (*Brima*).

Ahmed Chérif Ben Merad, caïd de Souq-Ahras (prov. de Constantine).
Burnous blanc, 100 fr.

Ahmed ould Ez-Zin, de Sidi Bel abbès (prov. d'Oran).
Vêtement d'homme (*kesa*), 40 fr.

Amor ben Mohammed, caïd des Oulad Khiar (prov. de Constantine).
1 *burnous* en poil de chameau, 150 fr.

Bou Zian (Hadj) ben Rabah, caïd des Oulad Mira (prov. d'Alger).
1 *haïk* de femme, 75 fr.

Cercle de Tizi-Ouzou (prov. d'Alger).
3 paires de sabots.

Chérif ben Mouhoub, caïd d'El Arach, Sétif (prov. de Constantine).
1 *Tebba* (châle de femme), 50 fr.

Daoudi ben Keskes, caïd des Ameur, Sétif (prov. de Constantine).
1 *gandoura* laine et soie, 150 fr.

Hadj-Driss, cordonnier à Tlemcen (prov. d'Oran).
1 paire souliers, 4 fr.; 1 paire babouches, 4 fr.

Ez-zin ben Hadj Thaïeb, des Beni Yala, Sétif (prov. de Constantine).
1 *burnous*, 200 fr.

Goëtz fils (Gaspard), brigadier-bottier aux spahis à Médéah (prov. d'Alger).
1 paire pantoufles genre arabe, 20 fr.

Hadj-ben Bou Amor, à Msila (prov. de Constantine).
1 paire souliers de femme, 100 fr.

Hadj-ben Brahim, cadi de Sidi bel Abbès (prov. d'Oran).
1 *burnous* blanc, 50 fr.

Hammo ben Chouala, amin des cordonniers à Constantine.
1 paire souliers d'homme, 16 fr.; 1 *idem*, 15 fr. 1 paire souliers d'enfant, 16 fr.; 1 paire sandales d'homme, 11 fr.; 1 paire *idem*, 10 fr.

Hamza ben Rahal, caïd des caïds, à Tlemcen (prov. d'Oran).
3 haïks, ensemble 45 fr.

Hassen naït El Mehiout, des Beni Raten (prov. d'Alger).
1 paire sabots (*kabkab*).

Kadi ben Yucef, caïd des Hazadj, Sidi bel Abbès (prov. d'Oran).
1 *burnous* noir, 100 fr.

Laurent-Cucco, tailleur à Constantine.
1 jaquette, 300 fr.; 1 manteau de dame, 100 fr.

Messaoud ben Tchoutchou, cheikh d'El Arba, Sétif (prov. de Constantine).
1 *burnous*, 50 fr.

Mahmed (Hadj) **ben Youcef**, caïd des Oulad Aïssa (prov. d'Alger).
1 *burnous* noir, 100 fr.

Mohammed bel Gomeri, caïd de Bousaada (prov. de Constantine).
2 *burnous*, 125 fr. et 75 fr.; 2 chapeaux palmier, 20 fr.

Mohammed ben abd El Selem, caïd d'Aïn Tazerout (prov. de Constantine).
1 *burnous*, 60 fr.

Mohammed ben Saïd, cheikh des Beni Senous (prov. d'Oran).
1 *burnous* blanc non achevé.

Mohammed Ihaddaden, des Beni Raten (prov. d'Alger).
2 paires de sabots.

Mohammed naït Taazab, des Beni Oughlis (prov. de Constantine).
5 chapeaux palmier nain.

Mohammed Sebagh, tisserand à Tlemcen (prov. d'Oran).
1 *haïk* rayé soie, 25 fr.

Mohammed Seghir ben Gannah, caïd des Ziban de Biskra (prov. de Constantine).
1 *haïk* haouli, 100 fr.

Mokhtar El Baroudi ben M'Keria, de Tlemcen (prov. d'Oran).
Ceinture laine.

Mohammed El Arbi, de Guelata-Beni-Abbès (prov. de Constantine).
1 *burnous* gris, 125 fr.

Mohammed El Arbi ben Mosbah, cadi des Beni-Yala (prov. de Constantine).
1 *burnous*, 100 fr.

Moussa ben Abd El Qader, caïd des Oulad Cheik (prov. d'Alger).
1 *burnous* blanc.

Mustapha ben Deba (prov. de Constantine).
1 *haïk*.

Mustapha ben Dif, propriétaire à Mostaganem (prov. d'Oran).
1 *haïk djeridi*; 1 *burnous*.

Oum El Khir bent Si Mohammed ben Samahi, de Zemmoura (prov. de Constantine).

1 *haïk zemmouri*, rouge et blanc, 130 fr.

Rixem (Benjamin), fabricant à Oran.

1 *burnous*, 25 fr.; 1 *burnous* fin brodé, 30 fr.; 1 *burnous* idem, 60 fr.; 1 caban, 25 fr.

Saïd (Hadj) ou **El Ahoussin**, de Bordj ben Areridj (prov. de Constantine).

1 *haïk aouli el Mahllem*, 157 fr. 50 c.; 1 paire sabots (*kabkab*).

Saïd ben Oudjit, de Guelaa, Beni-Abbès (prov. de Constantine).

1 *burnous Guelaouï*, 137 fr. 50.

Seghir ben Rabah, cheik des Oulad Bou-Nab (prov. de Constantine).

1 *burnous*, 40 fr.

Seghir ben El Aroussi, caïd des Righa.

1 *burnous* poil de chameau, 150 fr.; 1 *djebba* (jupe), 50 fr.

Sifico (Youssef), brodeur à Alger.

Veste de velours bleu brodé or, 300 fr.

Strauss et Cie, à Philippeville (prov. de Constantine).

1 caban flanelle, soutaché, 250 fr.; 1 caban flanelle, 12 fr.

Tahar ben Mohammed, de Guelaa, Beni-Abbès (prov. de Constantine).

1 *burnous* rayé, 125 fr.

Titoum bent Chalabi, de Bordj bou Areridj (prov. de Constantine).

1 *burnous* d'enfant, 13 fr.

Vallière (Félicien), fabricant à Oran.

Képis de : colonel, d'officier comptable, de préfecture, de finances, de soldat (dur), de soldat (brisé) ; gilet, pantalon et veste de tirailleur ; — collet chirurgien-major 1re classe, chirurgien aide-major 1re classe ; collet interprète titulaire.

Zerroug ben Mohammed, cheikh des Oulad-Tebban (prov. de Constantine).

1 *haïk* rouge, 150 fr.

CLASSE 36.

JOAILLERIE ET BIJOUTERIE.

Le luxe des bijoux est poussé très-loin chez les indigènes ; on en jugera par l'énumération ci-après des objets dont se compose la toilette d'une femme en Algérie.

Les femmes mauresques ou israélites des villes et même celles qui, dans les tribus, occupent un certain rang, portent comme ornements de tête, des résilles, des diadèmes, des chaînes à plusieurs rangs, à larges anneaux, avec crochets d'attache qui se fixent de chaque côté des tempes ; aux oreilles, des anneaux garnis de perles filigranées très-variés de forme et de matière ; aux poignets, plusieurs bracelets de différents genres ; aux doigts, des bagues nombreuses à chatons et à pierre ; autour du cou, des colliers garnis de plaques diverses, avec ou sans pendillons; enfin sur les autres parties du corps, des cassolettes, des porte-glace, des épingles de haïks, des boucles de ceinture, des bracelets de poignets (*mekias*) et de pieds (*khalkhal*), et beaucoup d'autres objets encore dont la nomenclature serait trop longue.

Ces objets sont généralement ornés de pierres précieuses et de perles fines. Ils ne sont d'ailleurs portés que par les femmes ayant une certaine aisance. Quant à celles des classes inférieures, elles se parent de bijoux en argent garnis en corail et qui se distinguent surtout par leur dimension. Les femmes les plus pauvres ne renoncent pas à ce genre d'ornement, et on en rencontre souvent chez lesquelles l'épingle de haïk ne sert qu'à unir des haillons.

La fabrication des bijoux est monopolisée, ou à peu près, entre les mains des Israélites des grandes villes, Alger, Constantine, Oran, Tlemcen, Bône, Sétif, etc. On en fabrique aussi beaucoup en Kabylie.

L'établissement de ces industriels se compose généralement d'une sorte d'échoppe dans laquelle se trouvent deux fourneaux défectueux, accompagnés d'une peau de bouc pour ventilateur, une balance avec des poids oxydés, une lampe à chalumeau pour souder, des coquilles, cisailles, creusets, emporte-pièces, filières, lingotières, mandrins, ainsi qu'un mauvais étau. Tel est, avec quelques autres ustensiles de même valeur, le matériel qui sert à fabriquer les nombreux bijoux dont il est parlé plus haut, et cependant certains de ces bijoux sortis de cette fabrication encore dans l'enfance, ont un caractère et une originalité qui les font rechercher, malgré la concurrence qui leur est faite par l'industrie française.

Pendant longtemps la fabrication des bijoux n'a été soumise à aucune règle sérieuse, et souvent la fraude se glissait dans ses opérations. Mais depuis plusieurs années, un service de garanties a été établi et ce contrôle assure désormais la plus grande sécurité aux acheteurs.

Les principaux fabricants de bijouterie sont :

A Alger, MM. Aben-Danan et Doré ;

A Constantine, MM. Moatti (Mardochée) et Snid (Abraham).

EXPOSANTS.

Degrand (Hippolyte), bijoutier à Philippeville (prov. de Constantine).

Une demi-parure or, comprenant une broche et une paire de boucles d'oreilles, ciselées par Émile Philippe.

Moatti (Mardochée), bijoutier israélite, à Constantine.

6 paires d'anneaux de jambes, 26 paires boucles d'oreilles, 10 bracelets larges, 25 épingles à chaînes, 1 bride de cheval garnie, 215 fr.; 1 porte-glace, 5 mains, 1 parure de tête. Total : 75 bijoux argent : prix, 1980 fr.

Saïd Naït Tif Allah, d'Aïn El Arba, fort Napoléon (prov. d'Alger).

1 paire bracelets d'argent.

Snid (Abraham), bijoutier israélite à Constantine.

3 bracelets, 2 cassolettes, 1 porte-parfum (*mekhala*), 100 fr.; 1 poignard, 100 fr. Total, 7 bijoux valant 250 fr.

CLASSE 37.

ARMES PORTATIVES.

On fabrique en Algérie, comme armes à feu, des fusils à longs canons, des pistolets, des tromblons ; comme armes blanches, des sabres recourbés, des yatagans, des poignards et des flissas.

Avant l'occupation française, l'industrie de l'armurerie était très-active sur tous les points de la Régence, notamment dans les grandes villes où les armuriers occupaient des boutiques bien achalandées.

Aujourd'hui cette fabrication a considérablement diminué et c'est dans des échoppes ou sous la tente qu'il faut aller chercher les ouvriers armuriers.

Pour les armes à feu ils se divisent en deux catégories, ceux des *Koutadjia* ou *Serrer* qui fabriquent les bois de fusil, et les *Znaïdia* qui confectionnent les platines. Les capucines et les ornements incrustés dans le bois sont préparés par les orfévres juifs. Quant aux canons on les tire maintenant du dehors, du moins en grande partie ; ceux de pistolets viennent de la grande Kabylie.

C'est du reste, en général, dans le pays kabyle qu'on rencontre encore le plus grand nombre d'ouvriers armuriers, aussi bien pour les armes à feu que pour les armes blanches. La tribu des Flissas, dans la grande Kabylie, fabrique une espèce de longue épée, large vers le milieu, évidée aux deux extrémités et qui se termine en pointe. Cette arme porte le nom de la tribu où on la fabrique, flissa ; il s'en confectionne encore d'assez grandes quantités.

Les Beni Abbas dans la subdivision de Sétif se font remarquer par leur belle fabrication de platines. Tlemcen fabrique également des armes de luxe.

Pour ce qui est des sabres recourbés, des yatagans et des poignards, leur usage tend de plus en plus à disparaître ; ils sont remplacés par les armes européennes, dont les indigènes savent apprécier l'emploi.

EXPOSANTS.

Ali ben Arbi, caïd d'Aïn-Beïda (prov. de Constantine).

1 fusil monté en argent, 1000 fr.; 2 yatagans, fourreau argent, 400 fr.

Ali ben Aïssa, à Tebessa (prov. de Constantine).

1 platine de fusil incrustée argent, 75 fr.; 1 *idem* incrustée cuivre, 20 fr.

Ali Bey, caïd de Tuggurt (prov. de Constantine).

Sabre des Touaregs.

Ali ou Mohammed Arab, de Touarir Mimoun (prov. d'Alger).

1 fusil kabyle.

Belkassem ben Sebbar, à Biskra (prov. de Constantine).

Fusil, pistolet, sabre, garnis en argent.

Ben Salem ben Kalfat, ouvrier à Tlemcen (prov. d'Oran).
Fusil garni argent et corail, 300 fr.

Hamidou Azzouz, du fort Napoléon (prov. d'Alger).
3 grands flissas, fourreaux bois.

Hassen Naït Abbès, des Beni Yenni (prov. d'Alger).
1 amorçoir argent.

Ibrahim Naït el Arbi, des Beni Yenni (prov. d'Alger).
1 fusil kabyle.

Mohammed ben el Haoussin, des Beni Yenni (prov. d'Alger).
2 grands flissas, fourreaux métal ; 1 couteau flissa.

Mohammed ben Mekki, à Tlemcen (prov. d'Oran).
Fusil garni d'argent, 300 fr.

Mohammed Seghir ould Zenagui, à Tlemcen (prov. d'Oran).
1 pistolet garni argent, 150 fr.

Saïd Naït Ali ou Haddad, de Tizi-Ouzou (prov. d'Alger).
7 couteaux flissas.

CLASSE 38.

OBJETS DE VOYAGE ET DE CAMPEMENT.

Les indigènes fabriquent eux-mêmes, pour leur propre usage, les objets qui servent à leur déplacement. Ce sont les femmes qui fabriquent les longs *felidj* tissés en laine, poil de chèvre et poil de chameau, qui, cousus ensemble, composent la tente. Les piquets qui la soutiennent sont coupés dans la forêt voisine.

Les tellis qui contiennent les grains, les sacs en laine où sont renfermés les objets précieux et le linge de la famille, et qui, la nuit, servent de traversins, sont aussi l'œuvre des femmes, comme les tapis sur lesquels on couche.

Les chameaux et les mulets constituent presque l'unique moyen de transport des indigènes en voyage. On adapte sur ces animaux des bâts composés d'une charpente légère recouverte de coussins.

Les femmes des indigènes un peu aisés sont transportées, quand la tribu change de campement, sur des palanquins formés de branches de laurier rose recourbées et recouverts d'étoffes ou de tapis aux couleurs éclatantes, pour les cacher aux regards et les garantir du soleil ou du mauvais temps.

Une tente ordinaire vaut de 250 à 500 francs.

Dans la vie nomade des Arabes, les objets de voyage et de campement sont d'un usage en quelque sorte journalier, et ils composent l'ameublement ordinaire de leur habitation.

EXPOSANTS.

Abboud ben Muphti, caïd de Behira-Thouila (prov. de Constantine).
Tente de cultivateur pauvre (*fellah* avec accessoires; savoir : natte en *alfa;* fusil; *tellis;* cruche; plat à couscous ; *metsered;* marmite; plats en terre; *panier;* charrue ; soc de charrue; peau de bouc pour l'eau ; trépied en bois; tasse en alfa; perche ; coussins (*ouçadas*).

Abd Allah ben el Arbi, caïd des Oulad Chemsa (prov. de Constantine).
Couverture de cheval (*djellal*).

Abd Allah ben Ahmed, cheikh des Oulad Ayad (prov. de Constantine).
Couverture de cheval (*djellal*).

Abd el Kader ben Mohammed, de Bou Saada (prov. de Constantine).
2 musettes, (*amara*).

Abd Er-Rahman ben Gandouz, de Sétif (prov. de Constantine).
1 entrave (*retaa*), 1 sangle.

Ahmed ben Ali, cheikh des Oulad Braham, Sétif (prov. de Constantine).
· *tellis* en laine (sac double).

Ahmed ben Hasniou, cheikh des Oulad Khelf, Sétif (prov. de Constantine).
Corde en poil de chèvre.

Ahmed (Hadj) ben Kouider, caïd des Beni Fathem (prov. d'Alger).
1 lez de tente (*felidj*).

Ahmed ben Saad, caïd des Oulad Aïssa (prov. de Constantine).
2 cordes en poil de chameau.

Ahmed ben Turqui, cheikh de l'Oued Chaïr Bou Saada (prov. de Constantine).
2 couvertures de cheval.

Ali ben el Hamdi, cheikh de Guellal, Sétif (prov. de Constantine).
1 musette (*amara*), 10 francs.

Aly Bey, caïd de Tugurth (prov. de Constantine).
Équipement de mehari (*chameau coureur*). — Tente en cuir des Touaregs et accessoires, armes, etc.

Ameur ben Tebani, cheikh de Oulad Bou Tara (prov. de Constantine).
Corde en laine et poil (*retara*).

Ammar bel Aïd, cheikh des Cheurfa de Bône (prov. de Constantine).
1 *rahal* (sac de voyage double), 40 francs.

Ammar bel Abed, cheikh des Beni Ourdjine, Bone (prov. de Constantine).
1 *tellis*, 50 francs.

Bachir ben el Guezzy, caïd de Oulad Fredj (prov. de Constantine).
2 cordes en poil de chameau; 2 *felidj*.

Bartibas (J. B.), bottier, à Oran.
Bottes molles de chasse, 80 francs.

Bou Acha ben Mabrouk (prov. de Constantine).
1 lez de tente (*felidj*), 70 fr.

Bou Addi ben Mohammed, caïd des Oulad Ameur (province de Constantine).

2 *felidj;* 2 cordes poil de chameau.

Bou Addi ben Mohammed, caïd de Oulad Aïssa (province de Constantine).

2 *felidj.*

Braham ben Mohammed ou Saïd, caïd des Tachetas (province de Constantine).

1 *tellis* gris.

Cheikh abd Er-Rhaman, de l'Oued Chaïr, Bou Saada (province de Constantine).

felidj; 2 musettes.

Cheikh el Mekki ben Saïd, de Bou Saada (province de Constantine).

1 peau de mouton pour oreiller; 1 *felidj;* 2 sacs (*rerara*).

Chérif ben Ali, des Hanencha (province de Constantine).

1 *tellis* pour chameau, sac double.

Daoudi ben Larbi, cheikh des Hanencha (province de Constantine).

1 *felidj.*

Dursus (Henri), capitaine au 7e chasseurs.

Tente de chef arabe des Oulad-Naïl (Sahra) avec accessoires, armes, tapis, etc.

Embarec ben Ahmed, des Beni Marmi, Guelma (province de Constantine).

Sac en laine (*rahal*).

Hamedi Bou Azza, caïd de Sidi bel Abbès (province d'Oran).

1 litière (*hamel*), 30 fr.

Hammo ben Ali, caïd de abd En Nour (province de Constantine).

Tente riche et accessoires comprenant : tapis en laine; tellis ; bottes de cheval; éperons; peau de mouton; moulin en pierre, metsered; plat à couscous; boîte à sel; marmite et cuillers en terre; instruments à carder la laine ; tamis en alfa ; tamis en bois; laine; corde en alfa (*retaa*); fusil; sabre; djebira; ouçada; musette; nattes en alfa; mortier en bois; maillet.

Kouider ben Achemi, caïd de beni Ahmed, Miliana (province d'Alger).

1 musette.

Lakhdar ben Aouïcha, caïd d'Aïn Turke, Sétif (province de Constantine).

1 *tellis*, 50 francs.

Messaoud ben Mohammed, cheikh des O. Bou Selama, Sétif (province de Constantine).

3 cordes en poil de chèvre et laine.

Mili ben Tarboucha, cheikh des Talha, Bône (prov. de Constantine).

1 bât de mulet pour les femmes (*rahal*), 50 francs.

Mohammed bel Arbi, caïd de Sidi bel Abbès (prov. d'Oran).

1 sac à effets, 30 francs; 3 musettes (*amara*), 15 francs.

Mohammed ben Aïssa, cheikh d'El Cherachra, Sétif (prov. de Constantine).

1 litière de femme (*hamel*), 103 francs.

Mohammed ou Ali, caïd des Matmatas (prov. d'Alger).

1 couverture de cheval (*djellal*), 50 francs.

Mohammed ben el Hadj, à Laghouàt (prov. d'Alger).

1 *Djerbi*, sac en cuir de berger ou besace de voyage.

Mohammed ben Mokhtar, caïd de Sidi bel Abbès (prov. d'Oran).

1 couverture-vêtement (*ksa*), 80 fr.

Mohammed ben Guerid, cheikh de Oulad Tebbau, Sétif (prov. d'Alger).

1 musette, 10 francs.

Mohammed ben Omar Bacha, caïd des Beni Bou Douan (prov. d'Alger).

1 sac de voyage (*mezoued*), 2 fr. 50 cent.

Mohammed ben Seliman, à Sidi bel Abbès (prov. d'Oran).

Tente avec accessoires, comprenant : moulin (*rahah*), *keskes en alfa*, *midouna* (panier), *guesaa* (plat), *metsered* (plat à pied), *rorbal* (tamis), *guedra* (marmite), *morref* (cuiller), *sedadja* (natte).

Mohammed Seghir ben Gana, caïd des Ziban, Biskra (prov. de Constantine).

Tente de petit chef du Sud, avec accessoires, savoir : 2 pistolets, garnis argent et corail; 3 tapis; mortier; *guesaa* (plat); cuiller à pot; tissu en poil de chameau pour sacs; 4 *gueraer* (sacs); maillet en bois; entonnoir en *alfa*; *keskes*; *metsered*; 2 tasses en *alfa*; outre; moulin; cordes.

Mzita (Tribu des), Bordj Bou Areridj (prov. de Constantine).

Cordes en *alfa* (*szoukar*), 20 cent.

Saïd ben Abd Allah, cheikh des Mekalta, Sétif (prov. de Constantine).

Musette (*amara*), cordes en laine.

Saïd ben Bou Daoud, caïd du Hodna (prov. de Constantine).

1 *felidj*; 1 tapis de selle; 1 musette (*amara*); 1 sac en laine.

Saïd ben Daoud, caïd des Souhama (prov. de Constantine).

1 sac en laine (*rerara*).

Sahmoun ben Daoud, cheikh de Monaça, Sétif (prov. de Constantine).

1 *tellis*.

Sakhri Bou Diaf, caïd de Souhama (prov. de Constantine).

2 tapis de selle, 1 musette.

Taïeb ben Harzallah, caïd des Oulad Zekri, Biskra (prov. de Constantine).

1 couverture de cheval (*djellal*), 40 francs.

Taïeb ben Lameri, cheikh du Hodna (prov. de Constantine).

1 couverture de cheval.

Taïeb ben Messaoud, cheikh de O. Tebbet. Aïn Beïda (prov. de Constantine).

1 *felidj* (lez de tente).

Yucef ben el Medjedoub, cheikh des Oulad el Khrelf (prov. de Constantine).

Entrave pour les chevaux.

Zerroug ben Henni, caïd des Ameur Dahra (prov. de Constantine).

1 litière de femme (*kherodj ou rahal*), 125 fr.

CINQUIÈME GROUPE.

CLASSE 40.

PRODUITS DE L'EXPLOITATION DES MINES ET DE LA MÉTALLURGIE.

L'Algérie recèle dans toute l'étendue de son territoire des richesses minéralogiques de plusieurs natures: le fer, le plomb, le cuivre, le mercure, le marbre, l'onyx, les pierres de construction, le sel gemme se trouvent surtout en abondance,

Les concessions de mines en Algérie sont accordées aux mêmes conditions qu'en France, par décrets impériaux délibérés en Conseil d'État.

Les mines, carrières, salines actuellement connues sont réparties ainsi qu'il suit dans les trois provinces.

MINES.

PROVINCE D'ALGER.

Gîtes concédés.

1° Mines de cuivre et de fer de l'Oued Allelah.

Travaux suspendus, bien qu'il existe encore des ressources en minerai assez considérables. Propriétaire actuel, M. Coutin, 19, rue d'Amsterdam, Paris.

2° Mine de cuivre et de fer de l'Oued Taffilès.

Travaux abandonnés, ressources insuffisantes. Concessionnaires, MM. Laugier frères, à Marseille.

3° Mines de fer et de cuivre du cap Ténès.

Travaux abandonnés. Filons plus importants que ceux de l'oued Taffilès. Méritent d'être l'objet de nouvelles recherches. Concessionnaires, MM. Leroy et Larieu à la chapelle Saint-Mermin (Loiret).

4° Mine de cuivre et de fer des Mouzaïas.

Exploitation languissante, écrasée par le poids des énormes dépenses faites au début. Compagnie concessionnaire, 24, rue des Bons-Enfants, Paris.

5° Mine de cuivre de l'Oued Merdja.

L'exploitation de cette mine a pris de l'activité, surtout pendant la campagne actuelle. Concessionnaires, MM. Lavallée et Perdonnet. Directeur gérant, M. Angliviel, 15, rue de Condé, Paris.

6° Mine de cuivre de l'oued Kebir. Quelques travaux seulement ont été exécutés. Concessionnaire, M. Vassal, négociant à Paris. Gérance, 15, rue de Condé, à Paris.

7° Mine de cuivre et de plomb des Beni Aquil. Aucun travail d'exploitation n'a été commencé. Riches filons en cuivre et en argent qui donneront lieu à une exploitation fructueuse. Concessionnaires, M. Dervieu, 66, rue de Grignan, Marseille.

8° Mines de fer des Gourayas.

Exploitation encore peu étendue. Production, 25 700 kilogr. en 1865, au prix de 1 fr. 964 rendu à l'usine. Concessionnaire, M. Boussaud, Marseille.

9° Mine de fer de Soumah.

Exploitation active en 1865. 11 700 kilogr. expédiés en Angleterre et 126 530 kilogr. dans le midi de la France, au prix de 2 fr. 25 rendu. Concessionnaires, MM. Chevalier et Carrié, Alger.

Gîtes qui sont l'objet de permis de recherches.

1° Gîtes de fer de l'Oued Meselmoun : paraissent susceptibles de produire de grandes quantités de minerai de bonne qualité et exploitable à ciel ouvert. Concessionnaires, MM. Amigues et Téan, Marseille.

2° Gîtes de plomb de la Pointe Pescade : veine de quartz riches en plomb argentifère, encaissée dans de la dolomie grise, cristalline. Demande de concession en cours d'instruction formée par MM. Pothier; Angliviel et Mouchez, 15, rue de Condé, Paris.

3° Gîtes de fer de Bouïnan : travaux exécutés, puis abandonnés à cause de la grande quantité de sulfate de baryte contenue dans le minerai. MM. Chevalier et Carrié, Alger.

4° Gîtes de cuivre de l'Oued Ouled Abbet : cuivre gris très-argentifère. Travaux de recherche suivis activement par MM. Pothier, Angliviel et Mouchez, 15, rue de Condé, Paris.

5° Gîtes de fer du Zaccar Larbi : gîtes importants susceptibles d'être exploités à ciel ouvert sur une grande échelle. Travaux de recherches par MM. Pirault et Guérin, d'Alger.

Gîtes abandonnés à la suite de travaux et de recherches peu développés :

1° Gîte de cuivre et de plomb de l'Oued Bou Halou, près Ténès;
2° Gîte de cuivre du Djebel Haddid, près Ténès;
3° Gîte de cuivre de Sidi Bou Assi, près Ténès;
4° Gîte de cuivre et de plomb de l'Oued Rehan et de Aïn Kerma, près Milianah;
5° Gîte de cuivre et de plomb de l'Oued Adelia et de Aïn Soltan, près de Milianah;
6° Gîte de cuivre de Hammam Rhira;
7° Gîte de cuivre, plomb et zinc des environs de Dalmatie, près Blidah;
8° Gîte de cuivre gris des environs de Soumah;

9° Gîte de lignite de la rive droite de l'Oued Zaouia, à 7 k. ouest de Zurich ;

10° Indices de lignite de l'Oued Takroun, près de Médéah.

Les travaux exécutés sur tous ces points ont été trop peu importants pour qu'on puisse se prononcer sur la valeur industrielle des gîtes minéraux qu'ils ont eus en vue. Les explorateurs n'avaient à leur disposition que des ressources fort limitées. Aussi ont-ils abandonné trop tôt leurs recherches. Tout porte à croire que de nouvelles explorations auraient des chances de succès.

Les gîtes ci-après dénommés n'ont été l'objet d'aucun travail de recherche. Ils paraissent mériter d'être explorés, soit à cause de la valeur industrielle des minerais qu'ils fournissent, soit à cause de la facilité des abords résultant de l'exécution des chemins de fer algériens :

1° Gîte de minerais de fer du Djebel Haddid, près Ténès ;

2° Gîte de lignite du Bled Boufrour, entre Ténès et Orléansville ;

3° Gîte de minerais de fer du Djebel Temoulga, à l'est d'Orléansville ;

4° Gîte de calamine de l'Ouarenseni, à 40 k. S.-E. d'Orléansville ;

5° Gîte de plomb argentifère de l'Ouarenseni, même localité ;

6° Gîte de cuivre pyriteux, entre Ténès et Cherchell ;

7° Divers gîtes de bon minerai de fer, compris entre l'Oued Meselmoun et Novi.

Tous ces minerais de fer, de même que ceux de la mine concédée du Gouraya, pourraient être amenés dans le port de Cherchell, d'où ils seraient embarqués pour l'Europe.

8° Gîte de galène argentifère des Beni Menad, près de Marengo ;

9° Gîte de galène et cinabre des environs de Zurich ;

10° Gîte de cuivre pyriteux du marabout de Sidi Ahmed, près Blidah ;

11° Gîtes de minerais de fer, avec cuivre gris argentifère et cuivre pyriteux de l'Oued Bouman, près Rovigo.

12° Gîte de minerais de fer, avec indices de cuivre très-argentifère, de cuivre pyriteux et de galène de l'Oued Ouzadzgea, près Rovigo ;

13° Gîte de cinabre de l'Oued Tiamemin, près Rovigo ;

14° Indices de cuivre gris, de galène et de sulfure de mercure, entre l'Arba et Aumale ;

15° Gîte de galène de l'Oued Arbatach, à 35 k. S.-E d'Alger.

16° Gîte de fer oligiste de l'Oued Keddach, près du col des Beni Aïcha.

PROVINCE D'ORAN.

Gîtes concédés.

Les gîtes concédés dans la province d'Oran sont au nombre de trois seulement ; ce sont :

1° Mines de Gar-Rouban sur la frontière marocaine. Galène argentifère en grande abondance et dont la teneur moyenne est de 65 p. 0/0 avec une richesse de 90 grammes d'argent par 100 kilog. de plomb. 300 ouvriers, 8500 mètres de galerie, cheminées ou puits exécutés. Concessionnaire, M. Dervieu, 66, rue de Grignan, Marseille.

2° Mines de fer de Sidi Safi, près d'Aïn Temouchent et de la mer. La teneur du fer métallique dépasse 61 p. 0/0. Exploitée depuis un an par M. Guès.

3° Mine de plomb et de zinc des Ouled Maziz, près Lalla Maghnia. Travaux abandonnés depuis 1859. Concessionnaire, M. Dervieu, précité.

Gîtes qui ont été l'objet de travaux de recherches :

1° Gîte de plomb et de fer de Tazout, près de Saint-Cloud. Traces d'exploitation par les anciens.

2° Gîte de plomb, de cuivre et de zinc d'Alba, sur le territoire de Beni Bou Saïd. Traces d'exploitation par les anciens.

3° Gîte de plomb et de cuivre de Sidi Aramon. Touche au précédent.

4° Gîte de plomb argentifère, de cuivre de manganèse de Tléta, cercle de Sebdou.

5° Gîte de cuivre et de plomb de Ben Amen. forme le prolongement du gîte de l'Alba dont il est parlé ci-dessus.

6° Gîtes de fer et de cuivre du Djebel Touilah et de Mzaïta sur le bord de la mer, près du village de Lourmel; on a constaté dans ces gîtes la présence de silicate de fer donnant 57. 5 p. 0/0 de fer oligiste, de l'oxyde de fer magnétique, du cuivre carbonaté et pyriteux, d'une teneur variant de 15 à 31 p. 0/0, du nikel, enfin de l'étain et du cobalt.

7° Gîte de fer de Sidi-Yacoub, près de Gar-Rouban, d'une exploitation facile. Ancienne exploitation très-importante.

Outre les mines dont il vient d'être parlé, il existe encore en d'autres endroits de la province d'autres gîtes métallifères qui ne sont que signalés. Voici les principaux :

1° Gîtes de cuivre de Kléber et de Guessiba, district d'Arzew; de Bou's-Fer et des Andalouses, arrondissement d'Oran ; de Sidna-Loucha, sur le bord de la mer, près Nemours ; d'Amar-Ramadia, près Sidi-bel-Abbès.

2° Gîtes de plomb des Beni-Hidiel et Sidi - Yaya, près Sebdou ; de Raz-el-Iderja, cercle de Saïda ; d'Aïn-Tolba, entre Nemours et Lalla-Maghnia.

3° Gîtes de fer du cap Lindles, dans la plaine des Andalouses ; des Traras et des bords de la Tafna, subdivision de Tlemcen ; enfin le gîte de manganèse de Pont-Albin, commune d'Oran.

PROVINCE DE CONSTANTINE.

Gîtes concédés.

1° Mines de plomb argentifère de Kef-Oum-Theboul, près La Calle. Société anonyme représentée par son directeur, M. Letellier, à Marseille. Exploitation bien aménagée et bien conduite; 235 ouvriers, dont 170 indigènes. Filons très-riches attaqués par sept galeries principales, la dernière aura 1250 mèt. de longueur, et prépare un champ d'exploitation de 80 mèt. de hauteur dans le filon.

La production a été en 1864 de 6461 quintaux de plomb, 1700 kil. d'argent et 9 kil. d'or, de 2498 quintaux de minerais cuivreux, représentant 182 quintaux de cuivre et 123 kil d'argent. Valeur totale 535 344 fr. Le prix de revient a été de 1 fr. 18 c. pour l'extraction, et de 1 fr. 46 c. pour le lavage, par cent kilog.

2° Mine de cuivre d'Aïn-Barbar, près de la mer et de Bône; concessionnaires, MM. Labaille, Lecoq et Berthon. Bonne exploitation : 120 ouvriers, dont 50 indigènes. Plusieurs filons. En 1864, la production a été de 11 263 quintaux de minerais de cuivres et cuivres de ciment, représentant une valeur totale de 177 666 fr.

3° Mines de mercure de Ras-el-Ma, près Jemmapes, M. Labaille, à Bône, concessionnaire. Veine de cinabre, de 0 m. 50 à 1 m./80 de puissance, 18 ouvriers employés dont 12 indigènes. Sa richesse en mercure varie de 1 1|2 à 27 p. 0|0. 2 596 mèt. de surface exploitable. L'exploitation n'est pas encore dans toute son activité.

4° Mine de fer de Mokta-el-hadid, près Bône. Compagnie anonyme représentée sur place par M. Dumas, à Paris par M. Parrau, directeur, 17, rue Lafitte. Une des premières exploitations de minerai de fer connues. Gîte ancien autrefois exploité par les Vandales. 190 ouvriers employés, dont 98 indigènes. Un des plus beaux amas de minerai de fer magnétique, soit par ses dimensions, soit par l'homogénéité de sa masse. La production est de 6 à 700 tonnes par jour, soit 200 000 tonnes en moyenne par an. Fer oxydulé presque pur, contenant 3,5 à 5 % de gangue et garanti pour un rendement de 66 %.

5° Mine d'antimoine d'El-Hammimat, MM. Barnoin, Chirat et Cie, concessionnaires. Veines d'oxide d'antimoine cristallisé, d'antimoine oxydé et de cinabre. Teneur moyenne 64 % d'antimoine. Cette mine a été exploitée pendant deux années, elle a donné un produit de 259 540 fr. Les travaux arrêtés par suite d'une insurrection indigène n'ont pas encore repris toute leur activité.

Gîtes qui ont été l'objet de travaux de recherches.

1° Gîte de plomb argentifère de Bou-Taleb, à 40 kilom. de Sétif, anciennement exploité sur une large échelle par les indigènes qui traitaient le minerai d'une manière toute primitive. L'exploitation par les Européens ne tardera pas à commencer, et des travaux sérieux sont en cours d'exécution. Gisement important et riche.

2° Gîte de fer de Medjez-Rassoul, près Bône, anciennement exploité par les Vandales, actuellement étudié par M. Mercier, directeur. Fer oxydulé manganésifère, d'un rendement de 64 p. 0/0 de fer. Exploitation pleine d'avenir.

3° Gîte de cuivre de Tadergount, en Kabylie. Titulaire du permis de recherches, M. Loubet. Les travaux exécutés n'ont pas encore permis d'apprécier la richesse du gisement.

4° Gîte de cuivre de Kenbila, en Kabylie. Titulaire du permis de recherches, M. Rouzaud. Travaux de recherches encore incomplets.

5° Gîte de cuivre de G'hil-Oum-Djin, dans les montagnes de l'Aurès, près Batna ; appartient à un immense filon métallifère de 25 kilom. de longueur et d'une grande richesse. Le gîte se trouve au milieu d'un pays dont le climat est sain et tempéré, où abondent les eaux vives et les essences forestières. Malheureusement, il est éloigné de la mer. De puissants capitaux et la construction des chemins de fer permettront plus tard d'exploiter les richesses très-considérables de cette contrée encore peu explorée.

6° Gîte de cuivre de Bled-el-Hammam, a été l'objet de travaux de recherches sans importance, actuellement abandonnés et qui n'ont pas permis de constater la valeur du gisement.

7° Gisement de combustible minéral des Beni-Siaz, cercle de Djidjelli, exploré incomplétement par M. Trabet, ce gîte a fourni un combustible de bonne qualité, surtout considéré comme lignite.

Les gîtes ci-après n'ont été l'objet d'aucun permis de recherche :

1° Gîte de fer des Beni-Fourhal, près Djidjelli, a été longtemps exploité par les Kabyles;

2° Gîte de plomb des Beni-Marmi, près Djidjelli;

3° Gîte de fer de Bou-Aklan. Exploité en ce moment par la tribu des Beni-Sliman, qui le traitent sur place d'après la méthode catalane grossièrement appliquée. Le fer est livré aux tribus kabyles pour la confection des instruments agricoles et autres;

4° Gîte de fer du Djebel-Sommah, route de Bougie à Sétif;

5° Gîte de fer du Djebel-Anini, dans la même contrée.

CARRIÈRES.

Les matériaux exploités en carrières sont les marbres, les pierres à plâtres, les pierres de taille, les terres à poterie, etc.

PROVINCE D'ALGER.

Les principaux gîtes de marbre dans la province d'Alger, sont :

1° Celui de la pointe Pescade;

2° Gîte de marbre-brèche du Chénouah, près Cherchell, exploité par M. Tardieu. Gisement très-riche de très-beau marbre, d'une exploitation facile, la carrière se trouvant au bord de la mer. Cette exploitation prendrait une grande activité si les capitaux venaient la vivifier.

3° Gîtes des marbres-brèches des environs du Fondouk. Commencement d'exploitation.

4° Gîte de marbre-brèche du cap Matifou. Ce marbre a été exploité autrefois par les Romains.

Les gîtes de pierre à plâtre sont très-nombreux dans la province d'Alger. Plusieurs sont en exploitation.

Les gîtes de pierre de taille et de moellons sont également très-répandus. Les calcaires tertiaires du Sahel sont exploités sur un grand nombre de points rapprochés d'Alger.

On trouve des calcaires hydrauliques dans les gorges de la Chiffa, près de la route d'Alger à Milianah et dans d'autres endroits encore.

Les colonies des terrains cristallins de la Bouzareah, près Alger, et celles des terrains crétacés, entre Boghar et Ouargla, sont susceptibles de donner par la cuisson des chaux éminemment hydrauliques.

La terre à poterie et à brique abonde dans tous les terrains stratifiés et notamment dans les terrains d'alluvions longeant les rivières.

PROVINCE D'ORAN.

Le territoire de la province d'Oran renferme des matériaux de construction très-variés. La plus importante, comme la plus intéressante carrière de la province est celle d'Aïn-Tekbalek, autrefois exploitée par les Romains, et d'où l'on tire ces admirables onyx translucides, albâtres antiques, dont rien n'égale la transparence et la variété de tons. D'autres carrières semblables ont été découvertes, au grand bénéfice de l'art décoratif; on sait, en effet, la place que les onyx de l'Algérie occupent aujourd'hui dans l'industrie artistique de l'ornementation de l'ameublement et des objets de haut luxe.

On trouve encore dans la province des marbres serpentins verts, des marbres blancs nuancés de plusieurs teintes, des gypses, des pouzzolanes, des calcaires et des chaux hydrauliques, des calcaires et des grès de toutes sortes, des terres à poteries, etc.

PROVINCE DE CONSTANTINE.

La province de Constantine est particulièrement bien dotée en matériaux de construction. Les gîtes de marbres les plus remarquables sont ceux de :

1° Filfila, près Philippeville, sur le bord de la mer. Son calcaire saccharoïde se rapproche beaucoup du marbre de Carrare; poli, il devient translucide. Généralement d'un beau blanc, il est associé aussi au bleu turquin, bleu fleuri et noir veiné de blanc. Il a été largement exploité par les Romains. La superficie totale du gîte est de 63 hectares, sur lesquels 30 hectares appartiennent à la Société Hemrandy, Abeille et Cie, et 33 hectares à MM. Heulant et de Saulcy.

2° De l'Oued-el-Aneb, à 28 kilomètres de Bône appartenant à M. Fabre. Donne, en général des calcaires saccharoïdes, tantôt blancs, tantôt gris-bleuâtre, parfois blancs veinés de jaune, etc.;

3° Du fort Génois près Bône, concessionnaire M. Bourgoin. Marbre très-résistant et qui se polit parfaitement; blanc-grisâtre avec veines noires. Travaux en grande activité. Exploitation par les Romains.

SALINES, SOURCES SALÉES, SEL GEMME.

PROVINCE D'ALGER.

On trouve dans le sud de la province d'Alger des salines naturelles exploitées par les Arabes, qui peuvent livrer d'immenses quantités de sel.

Il existe en outre six sources salées très-abondantes et dont les indigènes tirent une production considérable.

On trouve enfin deux gîtes de sel gemme, celui du Djebel-Sahari et celui d'Aïn-Hadjera.

PROVINCE D'ORAN.

La province d'Oran possède plusieurs lacs salés. Ce sont ceux de Misserghin, d'Arzew, de Ben-Zian ou de la Mina, des Borgia. Le rendement moyen de ces lacs est de 1509 à 4000, tonnes d'un sel de bonne qualité dans lequel l'analyse a constaté la présence de 93 à 97 g. de chlorure de sodium.

Il existe en outre des gisements considérables de sel gemme dans différents endroits, notamment au sud des Chotts, prés de Géryville et dans les environs d'Aïn-Témouchent.

PROVINCE DE CONSTANTINE.

On compte 22 lacs salés dans la province de Constantine. Les 6 principaux ont été loués par le Domaine. 5 autres sont susceptibles de donner de bons résultats à la location.

On trouve aux environs de Milah un gisement très-considérable de sel gemme connu sous le nom de sel de Milah et qui est l'objet d'une très-importante exploitation de la part des indigènes qui alimentent avec ses produits les cercles de Constantine, de Djidjelli, de Collo et de Takitoum. L'exploitation occupe 150 ouvriers qui produisent annuellement pour plus de 150 000 fr. de sel donnant de 95 à 97 °/o de chlorure de sodium.

EXPOSANTS.

Alcaraz (Joseph), à Médéa (prov. d'Alger).

2 Pierres à ciment, 2 pierres à chaux ordinaire, 2 pierres à chaux hydraulique, pierre à chaux pour blanchir, pierre à ciment durcissant immédiatement à l'eau.

Ali ben abd Allah, plâtrier à Biskra (prov. de Constantine).

Chaux et plâtre.

Ali ben Mustapha Bouyeras, à Alger.

Sables siliceux rouges et blancs.

Amara ben Bouzidi, caïd du Nador (prov. de Constantine).

Sel minéral.

Angliviel et **Pothier**, à Paris, administrateurs-délégués de la Société des mines de l'Oued Merdja de Blida (prov. d'Alger) : administration : rue de Condé, 15.

Exploitation reprise en 1863, fonderie pour la concentration et la préparation mécanique, 2 roues, 23 chevaux; 1 turbine, 5 chevaux; 1 machine soufflante; 1 bocard; 2 fours. Minerais de cuivre, de plomb et d'argent, lingot d'argent, matte cuivreuse et matte de plomb, cuivre pyriteux traité à Voiron (Isère).

Barnoin (Cyprien), à Constantine.

Minerai d'antimoine d'Hamimat-Arko.

Barrot (Ferdinand), propriétaire à Planchamp-Philippeville (prov. de Constantine).

Édouard **Benoit**, directeur.
Briques et tuiles, 13 échantillons.

Batty (Claude), à Kouba (prov. d'Alger).

Pierres de taille.

Boisselier (Émile), lieutenant au 24e de ligne.

Vues des mines de Gar Rouban, 1 dessin, 1 plan (à la plume).

Bougie (commune de) (prov. de Constantine).

Albâtre blanc sur marbre blanc, marbre à fond blanc, albâtre calcaire blanc jaune, *idem* rouge rose, provenant des carrières de Sidi Yahia sur l'Oued Agrioun, marbre noir de même provenance.

Carrié (Antoine) et **Chevalier** (Théodore), à Alger, concessionnaires des mines de fer et autres métaux de Soumah (prov. d'Alger). Exploitation commencée en 1865; emploi de 125 ouvriers.

Minerai de fer.

Commandant supérieur de Biskra (prov. de Constantine).

2 tables en albâtre.

Compagnie des minerais de fer magnétique de Mokta El Hadid, Bône (prov. de Constantine).

Siége de la Société, rue Laffitte, 7, à Paris. Direction des travaux à Bône; les minerais extraits de la mine à 34 kilomètres de Bône, sont transportés au port d'embarquement par un chemin de fer à locomotives construit par la Société; l'exploitation annuelle est de 150 000 à 200 000 tonnes.

Un échantillon de fer magnétique pesant 7000 kilogrammes.

Compagnie anonyme des Mines de Kef oum Theboul, cercle de La Calle (prov. de Constantine).

Siége social, à Marseille; Concession datant du 6 octobre 1848; ouvriers employés à la mine, 94 Européens et 33 Arabes; employés à la laverie, 23 Européens et 98 indigènes; 1 moteur à vapeur, force 30 chevaux. Exploitation annuelle 1400 tonnes de galène argento-aurifère valant à Marseille 560 000 francs; 1000 tonnes de terres argento-aurifère valant sur la même place 120 000 fr.

Plans des travaux souterrains; Bocaux contenant les résultats de la préparation mécanique; galène.

Compagnon (Marcelin-Louis), à Fleurus (prov. d'Oran).

Plâtre pulvérisé, gypse, vase en plâtre.

Coquet, Jaubert et Probst, à Alger.

2 Colonnes en marbre de la Bouzaréah.

Dervieu (R.) aîné et Cie, à Marseille, directeur de mines de Gar Rouban (prov. d'Oran).

Mine de plomb argentifère d'une étendue de 3000 hect. en sous-sol. Propriété territoriale, 97 hectares. Cette exploitation, commencée en 1863, occupe 238 personnes, trois machines à vapeur de 12 chevaux, dix galeries en exploitation, extraction annuelle 1800 tonnes.

Échantillon de plomb argentifère.

Deyron (Michel) à Souq-Ahras (prov. de Constantine).

Plâtre gris résistant à la pluie, plâtre blanc statuaire, pierre à plâtre blanc, *idem* gris.

Dunand et Nick, concessionnaires des mines du Filfila, Philippeville, prov. de Constantine. M. Sider, représentant.

1 bloc marbre bleu turquin 178 fr. 50 c., 1 bloc marbre blanc 161 fr. 40 c., 1 bloc marbre blanc, grain fin 189 fr.

Francoz (Jean-Ant.) briquetier Souk-Ahras (prov. de Constantine).

Briques, tuiles carreaux, plâtre statuaire.

Galpin (Louis-Victor) à Nantes (Loire inf.), minerais de cuivre en exploitation dans le cercle de Miliana (prov. d'Alger).

Garcin (Vincent), à Alger.

Nouveau système de parquets.

Général Commandant la Province de Constantine.

Échantillons de terres des sondages de la province.

Germaix (Victor), architecte de Bâtiments civils, à Philippeville (prov. de Constantine).

Briques, cubes et divers échantillons de matériaux utilisables dans les constructions.

Girard et Nicolas frères, à Saint-Étienne.

Minerais de fer oxydulé de la compagnie de Bône (prov. de Constantine).

Guinet, tréfileur à Voiron (Isère).

Produits de tréfilerie de l'Algérie.

Jammes (Gilles), à Biskra (prov. de Constantine).

Plâtre travaillé, cuit et cru, provenant des carrières de Biskra; sable volcanique de la Fontaine-Chaude de Biskra; chaux hydraulique du col de Sfa; chaux grasse des cailloux de l'Oued-Biskra.

Jus (Henri), ingénieur, chargé des sondages artésiens de Hodna (prov. de Constantine).

Ces travaux ont commencé en mars 1856. Il existe aujourd'hui quatre ateliers.

Échantillons de terrains rencontrés par les sondages.

Labaille (Jean), propriétaire à Bône (prov. de Constantine), concessionnaire des mines de mercure à l'état de cinabre, de Ras el Ma, près Jemmapes, d'une étendue de 1300 hectares. Cette concession date de 1861; on y emploie de 20 à 50 ouvriers.

Cinabre et bouteille de mercure.

Labaille (Jean), **Lecoq** et **Berthon**, à Bône (prov. de Constantine).

Cuivre pyriteux des mines d'Aïn Barbar (Bône).

Laperlier (Mme), à Mustapha Supérieur (prov. d'Alger).

Tableau de diverses espèces de marbre de la Pointe-Pescade.

Lonchamp et **Chaffanel**, à Christel (prov. d'Oran).

Plâtres gris et blanc de la montagne des Lions.

Mathieu (Antoine), à Duvivier (prov. de Constantine).

3 Tuiles.

Mohammed (Si), caïd de Oulad Kebab (prov. de Constantine).

Sel gemme gris, rose et blanc.

Mohammed ben abd allah Gaba, caïd de Bracha de Tebessa (prov. de Constantine).

Pierre à plâtre du Djebel Houg.

Nielli (Napoléon), pharmacien à Philippeville (prov. de Constantine).

Minerai de fer argentifère et de mercure de Djebel Saïafa, près Jemmapes.

Pagès (Martin), à Millesimo (prov. de Constantine).

Soufre hyalin.

Pelizari (Dominique), à Baba Ali (prov. d'Alger).

Briques pour cuves.

Perès (Jean), à Batna (prov. de Constantine).

Minerai de cuivre argentifère

Pirette (Joseph), à Cherchel (prov. d'Alger).

Lignite de l'oued Zaouïa.

Préfecture d'Alger.

Fût de colonne romaine en granit du Djebel Zaccar l'Arbi.

Roy, ingénieur à Paris.

Marbre-onyx de l'Algérie, un bloc ; grande plaque polie.

Sallerin (François), à l'Oued Chala (prov. de Constantine).

Minerai de cuivre de Tuggurth.

Service des mines de la province d'Alger.

10 Blocs de marbre divers mis en œuvre; 2 blocs de marbre de l'Oued Keddara près le Fondouk ; 3 blocs de porphyre, cuivre pyriteux avec gangue d'ankerite, mélange de fer carbonaté et d'argile, 8 échantillons.

Service des mines de la province d'Oran.

6 Échantillons de sels et calcaire hydraulique; 19 échantillons de marbres et gypses, 12 échantillons de sels et pouzzolanes; 9 échantillons de plâtres, ciments et chaux hydrauliques ; 35 échantillons de pierres et briques ; 1 échantillon de galène argentifère de Gar Rouban ; 19 échantillons minéraux divers, 18 échantillons fers et briques ; 2 échantillons plomb et cuivre de Gar Rouban ; 1 échantillon de minerai de fer silicaté de Touilah, ardoises. Plans, cartes et mémoires relatifs à ce service.

Service des mines de la province de Constantine.

Minerais de plomb de Djebel Taguelmount Bou Thaleb; minerais de cuivre de Kenbita, cercle de Bougie et de Ghil oum Djin, subdivision de Batna; minerais de fer du Djebel Summah, subdiv. de Sétif; de Bou Aklan, subdiv. de Sétif; et de Djebel Hadid, subdiv. de Constantine; meules de moulins arabes en porphyre.

Tardieu (Lucien), concessionnaire des carrières de Chenoua (prov. d'Alger).

Marbres en plaques et en colonnes; cheminées.

Trabet (Sébastien), à Djidjelli (prov. de Constantine).

Minerais de fer, d'argent, de cuivre, d'antimoine, plâtre ordinaire, provenant des Beni Foural.

Ville (Ludov.), ingénieur en chef des mines, à Alger.

Minerais divers des mines concédées dans la province, 85 échantillons; minerais divers des gîtes non concédés, 159 échantillons ; sels divers, 21 échantillons ; terres salpêtrées, 2 échantillons; gypses, 35 échantillons; marbres, 39 échantillons; pierres à chaux, grasses ou hydrauliques, 71 échantillons; pierres de taille, 115 échantillons; roches feldspathiques dures, 19 échantillons; roches volcaniques désagrégées, 8 échantillons; ardoises, 54 échantillons, sables pour constructions et verrerie, 27 échantillons; goudron végétal; échantillons de sondages, 180.

CLASSE 41.

PRODUITS DES EXPLOITATIONS ET DES INDUSTRIES FORESTIÈRES.

RICHESSE FORESTIÈRE DE L'ALGÉRIE.

I. *Statistique.*

Le tableau suivant indique la distribution générale du sol forestier en Algérie, par essence dominante et suivant que les forêts sont ou non concédées par bail à long terme (dont la durée est de 90 ans pour le chêne-liége, 18 ans pour les exploitations de bois de chêne, 20 ans pour une concession de cèdre, 15 ans pour une autre de chêne vert, 10 et 18 ans pour les pins à résine, 25 à 80 ans pour les bois d'olivier sauvage à transformer en olivette cultivée. (Voir le tableau nº 1, pages 58 et 59).

De l'étendue totale du sol boisé, qui ressort ci-dessous à 1 444 076 hectares, si l'on retranche : 1° les bois d'oliviers destinés à la culture industrielle et à la propriété privée; 2° les broussailles et boisements sans intérêt forestier, qui doivent être abandonnés aux indigènes, ou sur lesquels des droits de propriété peuvent être reconnus en faveur des populations, par l'application du sénatus-consulte du 22 avril 1863; 3° les parties des forêts à prélever pour le rachat projeté des enclaves et droits d'usage qui grèvent aujourd'hui les forêts; l'étendue du domaine forestier de l'État en Algérie sera réduite à environ 1 million d'hectares, un peu moins que la superficie totale des forêts de l'État et de la Liste civile en France, qui est de 1 161 416 hectares.

II. *Produits principaux.*

Les principaux produits des forêts algériennes, ceux qui fournissent un aliment important au commerce d'exportation, sont : 1° le liége; 2° les bois de construction (marine, bâtiments, traverses de chemins de fer, merrains); 3° les bois de travail (parquetage, menuiserie, ébénisterie, marqueterie, tabletterie); 4° les résines; 5° les écorces à tan et les matières colorantes.

1° Liége. Véritable patrie du chêne-liége plutôt encore que les autres rives du bassin méditerranéen, l'Algérie orientale en renferme une aussi grande quantité que tout le reste du globe, et produit un liége dont la qualité, dès aujourd'hui comparable aux meilleures provenances, l'Espagne et le Portugal, ira s'améliorant avec le progrès de la culture forestière et surtout par la répétition consécutive des récoltes sur les mêmes arbres. Évidemment, notre colonie deviendra bientôt le plus grand centre de la production, du commerce et même de la fabrication des liéges.

Déjà, sur les 141 731 hectares de concessions de chêne-liége, 123 000 sont en exploitation et 80 000 commencent à rapporter. Il en est sorti, dans chacune des trois dernières années, environ 1 150 000 kilogrammes de liége en planche; à peu près la quantité que la France tire annuellement de l'étranger pour alimenter ses fabriques de bouchons, concurremment avec les liéges récoltés en France même;

presque aussi le même poids en liége brut que le liége ouvré qui sort des ateliers français, et pas beaucoup moins que nos importations annuelles de bouchons.

On verra plus loin quelle extension est réservée à ce produit, dont l'emploi pour le bouchage se répand chaque jour avec l'usage et le commerce des vins et liqueurs, et dont les autres applications tendent également à se multiplier.

2° *Bois de construction.* Le chêne-zéen (*Quercus Mirbeckii*) est aujourd'hui mieux apprécié. Son défaut, plus apparent que réel, de se tourmenter en séchant peut être aisément corrigé, tout au moins atténué, et ne lui enlève rien de la supériorité qu'une densité et une coriacité incomparables à celles des bois durs des Iles lui assurent, sur les chênes de l'Europe, pour la marine et les traverses de chemins de fer. Ce sont surtout des pièces débitées à cette double destination, et surtout des douves et merrains qu'ont fournis les forêts de l'essence concédées, et lesquelles sont en exploitation sur 17536 hectares.

Le chêne à feuille de châtaignier (*Quercus castaneafolia*) qui se mêle au chêne-zéen dans les hautes montagnes de la Kabylie, a l'aubier plus épais, mais s'élève plus droit et fend mieux que son congénère. Il convient plus particulièrement à la tonnellerie.

3° *Bois de travail.* La loupe du thuya articulé (*Callimis quadrivalvis*), dont on fait des meubles d'une incomparable beauté, a retrouvé, depuis les deux précédentes expositions universelles, la réputation dont elle jouissait sous l'empire romain. On connaît aussi le rôle important que jouent, dans l'ébénisterie, la marqueterie et la tabletterie, plusieurs autres espèces de bois également spéciales à l'Algérie : le pistachier et l'olivier, pour les grands meubles ; le cèdre pour le même usage, les placages intérieurs et la menuiserie de luxe ; le genévrier de Phénicie pour l'article coffrets ; la racine de la bruyère arborescente, dont on a fait déjà des essais les plus heureux et sur une grande échelle, dans la fabrication des pipes ; le jujubier, le citronnier, et d'autres bois d'un emploi secondaire en frises, baguettes d'encadrements, etc.

Mais, ce qu'on ne sait pas assez, c'est l'excellent parti qu'on pourrait tirer du chêne yeuse à glands doux (*Quercus ilex var. ballota*), qui est répandu en Algérie sur une surface de 100000 hectares, qui y acquiert de très-fortes dimensions, et dont le bois, d'un beau rouge foncé, noir au cœur, à lamelles brillantes, d'un grain fin, serré, prenant le plus beau poli et retenant bien le vernis, obtiendrait le plus légitime succès dans la confection des meubles de salle à manger et de bibliothèque, des lambris et parquets.

Le frêne austral (*fraxinus australis*), très-commun en Algérie, offre un bois supérieur en beauté et en qualité à celui du frêne d'Europe (*fraxinus excelsior*), si recherché par les charrons et carrossiers.

Le bois du pin d'Alep remplacerait avantageusement, en planchers et en madriers, le sapin dont la France emprunte de si grandes quantités à la Russie et à la Norvége.

Les divers bois d'Afrique sont assurément d'un haut intérêt pour la France, qui consomme annuellement six millions de mètres cubes de bois d'œuvre, tandis que ses forêts en produisent à peine deux millions ; pour la France, dont les importations en bois commun de tout échantillon dépassent les exportations de cent millions de

TABLEAU N° 1.

		I CHÊNE-LIÈGE.			II CHÊNES-ZÉEN et à feuille de châtaigner.			III PIN D'ALEP.			IV CÈDRE.		
		pur ou presque pur.	mélangé d'autres essences.	Total.	pur ou presque pur.	mélangé d'autres essences.	Total.	pur.	mélangé.	Total.	pur.	mélangé.	Total.
		hect.	hect.	hect.	hect.	hect.	hect.	hect.	hect.	hect.	hect.	hect.	hect.
Province d'Alger.	concédé.	3 487	»	3 487	940	»	940	15 560	»	15 560	»	»	»
	non concédé.	12 892	26 701	29 593	1 050	1100	2 150	19 878	69 213	89 091	1 000	2 920	3 920
	Total.	16 379	26 701	33 080	1 990	1100	3 090	35 438	69 213	104 651	1 000	2 920	3 920
Province d'Oran.	concédé.	»	»	»	»	»	»	»	»	»	»	»	»
	non concédé.	929	13 807	14 736	»	»	»	20 685	38 900	59 585	»	»	»
	Total.	929	13 807	14 736	»	»	»	20 685	38 900	59 585	»	»	»
Province de Constantine.	concédé.	136 244	»	136 244	27 636	»	27 636	»	»	»	3 000	»	3 000
	non concédé.	130 337	6 305	136 642	2 000	7180	9 180	3 100	33 864	36 964	8 300	61 100	69 400
	Total.	266 581	6 305	272 886	29 636	7180	36 816	3 100	33 864	36 964	11 300	61 100	72 400
Récapitulation pour l'Algérie.	concédé.	141 731	»	141 731	28 576	»	28 576	15 560	»	15 560	3 000	»	3 000
	non concédé.	144 218	36 813	181 031	3 050	8280	11 330	43 672	141 977	185 640	9 300	64 020	73 320
	Total.	285 949	36 813	322 762	31 626	8280	39 906	59 223	141 977	201 200	12 300	64 020	76 320

		V CHÊNE BALLOTE (yeuse à glands doux).			VI THUYA ARTICULÉ.			VII	VIII CHÊNES VERTS.			IX	X	
		pur.	mélangé.	Total.	pur.	mélangé.	Total.	ORMES ET FRÊNES mélangés de saules, peupliers, tamarix.	pur.	mélangé.	Total.	OLIVIER SAUVAGE.	BROUSSAILLES (lentisque, phylléréa, arbousier).	ENSEMBLE du sol boisé.
		hect.	hect.	hect.	hect.	hect.	hect.	hect.	hect.	hect.	hect.	hect.	hect.	hect.
Province d'Alger.	concédé.	»	»	»	»	»	»	»	»	»	»	»	»	19 987
	non concédé.	31 047	58 339	89 986	6210	5 062	11 272	1068	5 800	»	5 800	»	1 527	234 407
	Total.	31 047	58 339	89 986	6210	5 062	11 272	1068	5 800	»	5 800	»	1 527	254 394
Province d'Oran.	concédé.	»	»	»	»	»	»	»	»	»	»	12 049	»	12 049
	non concédé.	»	11 000	11 000	»	42 615	42 615	»	49 206	13 000	62 206	2 000	40 313	232 515
	Total.	»	11 000	11 000	»	42 615	42 615	»	49 206	13 000	62 206	14 049	40 313	244 564
Province de Constantine.	concédé.	»	»	»	»	»	»	»	755	»	755	441	»	170 076
	non concédé.	»	»	»	»	»	»	2430	»	457 444	457 444	15 744	47 238	775 042
	Total.	»	»	»	»	»	»	2430	755	457 444	458 199	16 185	47 238	945 118
Récapitulation pour l'Algérie.	concédé.	»	»	»	»	»	»	»	755	»	755	12 490	»	202 112
	non concédé.	31 047	69 339	100 986	6210	47 677	53 887	3498	55 006	470 444	525 450	17 744	89 078	1 241 964
	Total.	31 047	69 339	100 986	6210	47 677	53 887	3498	55 761	470 444	526 205	30 234	89 078	1 444 076

francs, et qui va chercher au loin la majeure partie de ses bois d'ébénisterie et même de menuiserie.

4° *Résines.* Le pin maritime, qu'on a surnommé l'arbre d'or dans le département des Landes, n'existe qu'en faibles massifs sur le littoral algérien; en revanche, le pin d'Alep, qui est aussi riche en résine, règne sur une étendue de 200 000 hectares dans la zone sud du Tell. Deux concessions, contenant ensemble 15 560 hectares, sont aujourd'hui en cours de gommage et de bonne production.

Beaucoup d'autres espèces forestières de l'Algérie, le pistachier, le lenstique, le thuya, le cèdre, le genévrier, sont également riches en substances résineuses ou gommeuses; elles mériteraient certainement d'être étudiées et très-probablement exploitées sous le rapport de cette intéressante production.

5° *Ecorces.* Les écorces des diverses espèces de chênes, et notamment des chênes-verts et liége, renferment d'autant plus de tannin que le climat est plus chaud. L'exploitation en serait très-bien accueillie par la tannerie française, qui se plaint du renchérissement des écorces indigènes, depuis que l'exportation en a été rendue libre; elle trouverait un puissant auxiliaire dans le procédé récemment découvert et mis en œuvre par les Américains du Nord, pour dégager, décolorer et concentrer l'acide tannique, qui, sous cette forme d'extrait, perd le double défaut de colorer les cuirs et de s'altérer à l'humidité, tout en gagnant, au transport, les 90 à 92 p. 100 de poids en matière stérile à laquelle il est associé dans les écorces.

En même temps, cette nouvelle industrie permettra de concentrer également et d'exploiter les matières colorantes que contiennent beaucoup de plantes propres à ce climat, et parmi lesquelles il suffit de citer le sumac à cinq feuilles (*Rhus pentaphylium*), qui se montre en grands massifs dans l'ouest de l'Algérie, et qui sert aussi à la préparation des cuirs.

L'Algérie doit à sa situation géographique et à l'étendue de ses côtes de très-grandes facilités d'exportation. Aujourd'hui, les liéges et les bois de chêne-zéen et à feuilles de châtaignier, réunis sur le littoral, s'écoulent aisément. Il en est de même des loupes de thuya et des résines qui, grâce à une valeur intrinsèque plus élevée sous un volume et un poids moindre, peuvent supporter les frais d'un plus long transport. Les bois de cèdre, de genévrier, de pin et de chêne ballote, plus éloignés des ports, ne vont pas encore à l'exportation; mais le développement, désormais assuré et prochain, des routes, des chemins de fer et des ports, leur ouvrira de nouveaux débouchés. L'exploitation de ces immenses forêts, à peine entamées aujourd'hui, fournira au travail, à l'industrie, aux transports maritimes, au commerce et à la colonisation, des ressources d'autant plus grandes que leur mise en valeur, sans rien enlever aux populations arabes, tout en ajoutant au contraire à leur bien-être, appelle plus spécialement le concours de la race européenne en Algérie, s'accorde avec ses aptitudes et se prête le mieux au rapprochement des deux peuples par la fusion des intérêts.

III. *Mouvement des valeurs engagées dans les exploitations forestières.*

Pour donner une idée de l'importance des exploitations forestières à ces divers points de vue, on a établi ci-après sur des évaluations aussi exactes que possible le compte des valeurs engagées dans les forêts actuellement concédées, de leur produit et de sa décomposition en tonneaux de jauge pour le fret, valeur brute pour la richesse publique, salaires payés en Algérie, frais de transport par mer, revenu ou redevance à l'État propriétaire, enfin revenu net pour l'exploitant. Le calcul ne tient compte que du produit principal et estimé au plus bas : le liége pour les forêts de chêne-liége, le bois d'œuvre pour les concessions de chênes-zéen et à feuilles de châtaignier, les résines pour les forêts de pins. (Voir le tableau n° 2, page 62.)

Il serait facile ensuite d'appliquer les élements de ce tableau à celles des forêts non concédées qui peuvent fournir des ressources analogues à l'exportation, suivant ce qui a été dit plus haut, et dont le précédent état statistique indique les contenances.

Depuis quelques années l'attention publique s'est portée sur les points de l'Algérie qui renferment de si grandes quantités d'essence de bois recherchées par l'industrie. Ses exploitations les plus considérables aujourd'hui en cours d'exécution sont celles qui ont pour objet la récolte du liége. Viennent ensuite celles qui s'appliquent aux diverses variétés de chênes, puis les cèdres, les pins, etc.

Les bois de l'Algérie peuvent être divisés en trois grandes catégories : la construction, la menuiserie et l'ébénisterie.

Les différentes essences de chêne sont propres à la construction, le chêne vert et le chêne-zéen sont les plus estimés. Les Turcs employaient le chêne-zéen à la construction de leurs vaisseaux. On l'utilise actuellement pour la confection du merrain et des traverses de chemin de fer. Le chêne vert (*quercus ilex*) et le chêne-zéen (*q. Mirbeckii*) remplaceraient avec avantage le chêne de France pour la confection des meubles. Le prix de revient en forêt est de 55 francs le mètre cube.

Le cèdre (*cedrus atlantica*) convient également à la construction et à la menuiserie. Comme placage d'intérieur de meubles, il peut surtout rendre des services, l'odeur pénétrante et agréable de son bois offrant l'avantage d'écarter les insectes. Le prix en forêt est de 20 francs le mètre cube.

Le pin d'alep (*pinus alepensis*) atteint des dimensions de 20 mètres de hauteur. On l'utilise pour poteaux de lignes télégraphiques et pour les constructions. Le prix en forêt est de 20 francs le mètre cube.

Le thuya (*callimis quadrivalvis*). La réputation du thuya n'est plus à faire. On sait que c'est un des plus beaux sinon le plus beau bois d'ébénisterie connu.

Les souches de thuya se rencontrent en grande quantité dans les forêts des provinces d'Alger et d'Oran. Le prix en forêt est de 90 francs le mètre cube.

L'olivier (*olea europea*) se montre partout dans les trois provinces. Il convient à la confection des meubles de luxe ; le prix du mètre cube est de 25 francs sur place.

Le caroubier (*ceratonia siliqua*) et le pistachier (*pistacia terebenthus*) dont le prix en forêt est de 25 francs le mètre cube, sont aussi de très-bonnes essences pour l'ébénisterie. Le second est apprécié des tourneurs.

Les autres bois d'ébénisterie sont le genévrier, le noyer, le citronnier dont le prix est de 25 à 35 francs le mètre cube.

On a introduit en Algérie depuis quelques années *l'eucalyptns globulus*, le *blue gum* de la Tasmanie ; cet arbre qui, en Australie atteint les plus fortes dimensions,

TABLEAU N° 2.

Nature des exploitations.	Contenance boisée.	Capital engagé pour mettre les forêts en rapport. (Dépenses premières sur place.)	PRODUIT ANNUEL						OBSERVATIONS.
			en matière pour l'exportation.	EN ARGENT.					
				Valeur brute ou totale pour la fortune publique.	FRAIS ANNUELS. Exploitation vidange, gestion (dépenses en Algérie).	FRAIS ANNUELS. Transports par mer et autres dépenses d'exportation.	Redevance ou revenu de l'État.	Valeur nette pour le concessionnaire (représentant son bénéfice et l'amortissem[t] de son capital).	
	hectares.	francs.	tonneaux de jauge.	francs.	francs.	francs.	francs.	francs.	
Liége.......	141 731	24 094 270	106 298	10 629 825	3 685 006	1 275 579	354 327	5 314 913	Le produit en liége, estimé ici d'après le rendement actuel, c'est-à-dire de la première récolte, augmentera de récolte en récolte, jusqu'à près du double des quantités annuelles et du triple du revenu net.
Bois d'œuvre.	28 576	2 286 080	85 728	6 858 240	4 286 400	1 714 560	85 728	771 552	
Résines.....	15 560	389 000	4 668	1 089 200	778 000	93 360	2 334	215 506	
Totaux....	185 867	26 769 350	196 694	18 577 265	8 749 406	3 083 499	442 389	6 301 971	

possède à la fois de précieuses qualités, celles entre autres, d'avoir un bois d'une extrême densité et de laisser échapper des émanations aromatiques qui neutralisent l'influence des miasmes paludéens.

Les plantations d'eucalyptus se sont beaucoup multipliées dans la colonie, l'arbre y pousse et s'y développe rapidement, c'est une des meilleures acquisitions que pouvait faire le pays.

En dehors des concessionnaires de forêts avec lesquels on peut s'entendre pour la fourniture des bois d'œuvre et les liéges, on peut se procurer ces bois :

A Alger, chez MM. Portes (liéges) Mazet et Cie. (liéges).

Dans la province de Constantine près de MM. Trabet (Sébastien) à Djidjelli, Charles à Constantine et Bronde à Bône.

Dans la province d'Oran, chez MM. Desseaux (Pierre); Barthe Guillaume et Cie; Bernauer (Joseph); Meuriot (Pierre), à Oran; — Blazy (Victor); Carrafeug à Mascara; — Merlo (Joseph); Leconte des Floris (Albert), à Sidi bel Abbès.

EXPOSANTS.

Ahmed-ben-el-Kadi, à Batna (prov. de Constantine).

Palmes de dattier pour cannes.

Berthon, **Lecoq** et Cie, à Paris, et à Bône (prov. de Constantine).

Exploitation de liéges de la forêt de l'Edough, concession du 15 septembre 1849, superficie 6654 hectares; on y emploie 85 Européens et 6 gardes indigènes; plus 150 charbonniers italiens; constructions en pierre d'une valeur de 120 000 francs; siége de la société, rue Vieille-du-Temple n° 47, à Paris.

Écorces de liége en canons; 6 planches pour bains; 3 couronnes; bouchons bas fin demi-pointu; bouchons faits à la mécanique; bouchons première qualité; bouchons demi-pointus, surfins, faits à la mécanique; bouchons demi-Bordeaux; bouchons gazeux à la mécanique; bouchons fins à la mécanique; bouchons-champagne; bouchons-topettes à la mécanique; bouchons-carrés-topettes; carrés et ronds de liége, provenant des forêts de l'Edoug (Bône).

Besson (P.), **Lecousturier** et Cie, à Collo (prov. de Constantine), et à Paris, rue de la Victoire n° 73.

Exploitation de chênes-liége et de liéges ouvrés, de la forêt des Beni-Neghra, près Collo, concédés en 1863; — 15 383 hectares, — on y emploie en été jusqu'à 400 Kabyles.

Grande chaudière à bouillir le liége; établis de bouchonneries indigènes; liéges surfins; bouchons-champagne; gros liége femelle; 10 000 carrés de liége façonnés; bouchons surfins; liége à champagne bouilli; carrés surfins.

Bock (Henri), à Mulhouse (Haut-Rhin).

3 spécimens de parquets en liége pur coloriés; emploi des liéges de l'Algérie.

Bonné (Philippe) à Alger.

Marqueterie en caroubier, jujubier et thuya.

Cercle et bureau arabe de Tizi-Ouzou (prov. d'Alger).

Chêne-liége; *idem* zène; *idem* à feuilles de châtaignier; chêne vert; chêne-yeuse; caroubier; frêne austral; micocoulier; chêne blanc.

Chabannes (de), **Du Peux** et Cie, rue Curial, 16, à Marseille, et à Alger rue de Tanger, 18.

Exploitation de liége dans la forêt de l'Oued-Djemaa, près Bougie; concession de 3000 hectares faite en 1857; emploi de 150 ouvriers.

Liéges de reproduction, femelle, en planches.

Comité local de Teniet El haad (prov. d'Alger).

12 madriers de cèdre; 15 loupes de thuya; 2 loupes de chêne; 1 racine de pistachier; 10 billes de cèdres; chêne-liége mâle; chêne-liége de reproduction; chêne vert à cœur rosé; genévrier oxycèdre.

Comité local de Tizi-Ouzou (prov. d'Alger).

Chêne-liége; *idem* zène; chêne à feuille de châtaigner; caroubier; frêne; micocoulier; racine de bruyère; chêne-yeuse à gland doux.

Comité provincial d'Alger et **M. Lambert.**

Oranger; pistachier de l'Atlas.

Donnery, à Oran.

Échantillon de bois d'if.

Du Prat (Anacharsis), à l'Oued-El-Aneb, Bône (prov. de Constantine), représenté à Bône par MM. Toche frères, et en France, par le concessionnaire au château de Lalandelle, près Revel (Haute-Garonne), forêt de chêne-liége de 5558 hectares, concédée en 1857. On y emploie 140 ouvriers; la récolte de 1866 a été de 1000 quintaux.

Planches de liéges de reproduction; carrés de liége pour la fabrication des bouchons.

De Fleurieu (Ernest) et **de Saint-Victor** (Grnest), à Birkadem (prov. d'Alger).

Le premier à Laye (Rhône); le second à Lyon, 28, place Louis-le-Grand), propriétaires de la ferme modèle de Birkadem, d'une étendue de 850 hectares dont 490 en culture.

Eucalyptus globulus de 21 mois; bambou de Madagascar, de 10 ans; bambou épineux de 10 ans.

Goby (Frédéric), à Berbessa (prov. d'Alger).

Bambous, 6 variétés.

Jardin d'acclimatation d'Alger. Directeur *Hardy*.

Eucalyptus globulus de 8 ans, 10 m. 55 c. de hauteur.

Palmes de dattier d'Afrique; *idem* de latanier de Chine; bambou grand, de l'Inde; bambou à tige panachée; *idem*, comestible des Chinois; *idem* du Brésil; *idem* de Népaul; *idem* calame de l'Inde; *idem* à touffes serrées de la Chine; *idem* multipliant de la Chine; roseau à quenouille.

Lambert (Ernest), inspecteur des forêts à Philippeville (prov. de Constantine).

Sapin des Babors.

Échantillons des bois d'œuvre et de travail de l'Algérie.

Liéges bruts et ouvrés des divers âges et qualités de l'Algérie.

Échantillon du charbon des essences diverses des forêts de l'Algérie.

Herbier forestier de l'Algérie.

Lavie (Pierre) à El Arrouch (prov. de Constantine).

Ferme agricole et industrielle fondée en 1850 employant 8 familles.

Olivier pour placage; frêne; ormeau; sumac; pistachier de l'Atlas.

Letur (E. P.), entrepreneur général de la maison de Lambèse à Marcouna (prov. de Constantine).

Échantillons de bois du district.

Mazars (J. A.), menuisier, à Bordj bou Areridj (prov. de Constantine).

Bois d'if pour placages; loupes de cèdre, *idem*.

Montebello (A. de) et Cie, à La Calle (prov. de Constantine).

Siége au château de Mareuil sur Aÿ, Champagne; forêt de chêne-liége de 4500 hectares,

concédée le 24 janvier 1853; on y occupe 120 ouvriers; dans le matériel figurent de grandes chaudières pour le bouillage des liéges; des presses, etc.; la production annuelle est d'environ 100 000 francs.
45 planches de liége de reproduction.

Perès (Jean), négociant à Batna (prov. de Constantine).

Concession de 300 hectares; usine à distiller les alcools; moulins à farine construits de 1845 à 1852; exploitation des bois de Batna.
Genévrier-virginie; chêne vert.

Service des forêts de la province d'Alger.

Échantillons des bois de la province, coupés en forme de volumes de 1 à 34, et bruts de 35 à 52; savoir :
Chêne-liége; chêne ballot; chêne vert; chêne-zène; cèdre; pin d'Alep; genévrier phénicien; orme champêtre; frêne commun; pistachier térébinthe; *idem* de l'Atlas; caroubier; micocoulier; houx commun; philaria; érable de Montpellier; aulne glutineux bruyère arborescente; chêne kermès; sumac thezera; amandier commun; philaria; olivier; buis; alizier thormina.

Service des forêts de la province d'Oran.

Chêne vert à cœur noir; pistachier térébinthe; feuilles de placage de thuya; genévrier-oxycèdre; olivier; tige de bruyère; souche de bruyère; rhus pentophyla; pistachier lentisque; bout de poteau télégraphique; if; chêne à cœur rosé; pistachier térébinthe; olivier verni; plateau de liége; placage d'olivier; jujubier commun.

Service forestier de la province de Constantine.

Chêne-zène, 4 traverses; *idem*, 3 planches; *idem*, 3 plateaux; pistachier de l'Atlas, 5 madriers; chêne vert cœur rosé, 2 billots; chêne vert, 6 madriers; cèdre, 3 madriers et 3 planches; pistachier de l'Atlas, 2 madriers, 2 billots et 2 planches; caroubier, 2 plateaux, 2 billots, 2 planches; olivier, 2 billots, 2 madriers, 2 planches; 1 canon liége mâle; 1 canon liége de reproduction de 8 ans; 112 échantillons de bois de la province; 10 spécimens de la fabrication de bouchons; liége de reproduction, âge indéterminé; liége brut, de reproduction de 7 ans.

Trabet (Sébastien), à Djidjeli (prov. de Constantine).

Exploitation de bois d'œuvre dans la forêt des Beni Foughal.
Traverse pour chemin de fer en chêne-zène; pseudo-ceris; faux liége; ormeau, frêne, chêne-liége; blanc de Hollande; arbousier, aulne, lierre, micocoulier, houx, nerprun, philarea, merisier, laurier, érable, olivier, bruyère.

Union agricole du Sig (prov. d'Oran).

Acacia blanc; triacanthos, frêne, platane, ormeau, azederac; mûrier noir; vernis du Japon; peuplier, érable; arbre de Judée; thuya, olivier; chêne vert; pin d'Alep; tamarix.

CLASSE 42.

PRODUITS DE LA CHASSE, DE LA PÊCHE ET DES CUEILLETTES.

§ 1er. *Produits de la chasse.*

La faune algérienne est riche en animaux de toute nature, elle offre aux chasseurs et aux naturalistes les espèces les plus variées et les plus intéressantes.

Sans compter le lion, la panthère, la hyène et quelques autres espèces carnassières qu'on ne rencontre plus que dans les lieux éloignés des centres de colonisation, on trouve un peu partout du gibier en abondance. Il faut citer notamment le sanglier, e cerf, le mouflon, le lièvre, le lapin, la gazelle, la perdrix rouge, l'outarde, la poule de Carthage, la caille, le râle de genêt, la grive, la tourterelle, le pigeon ramier, le bec-figue, l'oie et le canard sauvages, le cigne, le flamand, la macreuse, la bécasse et la bécassine, la grèbe, l'autruche, etc.

On chasse la grèbe dont la dépouille est très-recherchée comme fourrure, sur les principaux lacs de l'Algérie, ceux de la province de Constantine notamment, entre autres le lac Fetzara près Bone.

On sait combien les plumes d'autruche sont recherchées. L'autruche habite le sud de l'Algérie où elle s'est réfugiée pour éviter la poursuite dont elle est sans cesse l'objet. Les Arabes du Sahara chassent l'autruche à courre, comme ils chassent le lièvre avec le faucon ; ils sont ainsi parvenus à en détruire un si grand nombre que l'espèce devient rare et menace de disparaître entièrement du pays.

Cette rareté de l'autruche, qui paraît être devenue générale pour toutes les contrées où autrefois on la rencontrait en grand nombre, a éveillé l'attention des savants et des industriels ; la Société impériale d'acclimatation s'en est émue, et l'un de ses membres, M. Chagot, de Paris, a fondé, il y a quelques années, un prix destiné à encourager l'éducation de l'autruche en domesticité.

Le problème présentait des difficultés de plus d'une espèce, il a été résolu cependant par M. Hardy, directeur du jardin d'acclimatation d'Alger, à qui le prix a été décerné, et ce jardin possède aujourd'hui plusieurs générations d'autruches nées dans l'établissement.

Le jardin d'acclimatation de Marseille, et un autre établissement privé en Italie, ont obtenu depuis le même résultat.

Cette éducation a permis de faire plusieurs remarques curieuses. Ainsi on a constaté que l'autruche se nourrit exclusivement de graines et d'herbes. Elle ingère parfois des morceaux de métal, ou des cailloux qui lui servent de lest plutôt que de nourriture. C'est ce qui a pu faire à cet animal la réputation de voracité qu'on lui a donnée, jusqu'à en faire un carnivore, ce qui n'est pas exact.

L'autruche peut pondre dans le courant d'une année une cinquantaine d'œufs d'un poids moyen de 1 kilogr. 565 gram. chaque, soit 78 kilogr. 250 gram. pour l'ensemble, ce qui représente à peu près 1200 œufs de poule d'Espagne. Les œufs d'autruche ont peut-être un goût un peu moins délicat que les œufs ordinaires, ils sont cependant parfaitement mangeables.

On a observé aussi que l'autruche fait un nid comme les autres oiseaux, qu'elle y dépose ses œufs, les couve et ne les abandonne pas en laissant à la chaleur ambiante le soin de les faire éclore, ainsi qu'on l'avait supposé pendant quelque temps.

Il reste acquis enfin que la part active que le mâle prend dans les soins journaliers de la procréation en fait un oiseau essentiellement monogame, et que, s'il est polygame, ce n'est que par exception.

L'exemple donné par le jardin d'acclimatation d'Alger a été suivi par d'autres établissements du même genre, tant en France qu'en Italie. Il est à espérer qu'il sera le point de départ d'une industrie dont on peut attendre de grands avantages.

§ 2. *Produits de la pêche.*

On ne rencontre dans les rivières et les autres cours d'eau de l'Algérie qu'un très-petit nombre de poissons, parmi lesquels le barbeau et l'anguille tiennent le premier rang. La Société climatologique qui s'est fondée à Alger dans ces derniers temps, s'occupe avec beaucoup de sollicitude de repeupler les cours d'eau de l'Algérie en espèces plus recherchées.

Quant aux côtes de la Méditerranée, elles fournissent en abondance des poissons de toute nature. Ceux qui s'y montrent en plus grand nombre sont le thon, la sardine et l'anchois, dont on prépare actuellement des conserves qui sont très-appréciées. Cette pêche côtière occupe 4 à 500 bateaux et 15 à 1600 hommes d'équipage sur lesquels la moitié au moins sont Français.

Les lacs de l'Algérie contiennent aussi beaucoup de sangsues dont la qualité a été reconnue égale à celle des sangsues bordelaises qui jouissent d'une réputation méritée.

§ 3. *Pêche du corail.*

Le corail, *Isis nobilis* (Lin.), est un polypier; les naturalistes le rangent dans le règne animal, en tête des zoophytes, c'est-à-dire dea snimaux-plantes. Ce sont des êtres sédentaires, vivant fixés au sol, dépourvus qu'ils sont d'organes spéciaux de locomotion. Le corail est fixé aux rochers sous-marins par son extrémité inférieure, sous la forme d'arbrisseaux plus ou moins branchus.

Le corail se rencontre sur presque toutes les rives de la Méditerranée, mais c'est surtout sur les côtes d'Algérie, aux environs de la Calle, qu'on le trouve en grande abondance; les forêts qu'il y forme ont un fond de trente à deux cents mètres. On l'exploite aussi sur les côtes ouest de la colonie, notamment à Mers-el-Kebir, près d'Oran.

Le corail se divise en cinq variétés, le rouge foncé, le rouge clair, le vermeil, le jaune clair et le panaché. Le plus estimé est le vermeil.

Le corail se pêche au moyen d'un instrument appelé *salabre* et qui est formé de deux forts bâtons liés en croix, à l'extrémité desquels sont placés des filets en forme de poche. Précipité au fond de la mer par une grosse pierre qui y est adhérente, cet instrument est ensuite promené sur toutes les parois des rochers d'où le corail, ainsi détaché, tombe dans les filets. Des plongeurs surveillant cette opération en ramassent les coraux que les filets ont laissés échapper.

La pêche du corail est réglée comme l'exploitation des forêts; chaque pêcherie st divisée en dix coupes dont une seule est explorée chaque année; cette précaution est nécessaire pour permettre au corail d'atteindre un développement convenable.

Dès le commencement du seizième siècle, époque où l'usage du corail se répandit à la cour du roi François Ier, la France tourna son attention vers ce précieux produit de la mer. Depuis, et pendant trois cents ans, à part quelques rares intervalles, la pêche du corail est restée entre les mains de la marine française. C'est seulement dans les dernières années du dix-huitième siècle que la tradition a été rompue et que les marins étrangers, italiens surtout, se sont substitués à nos marins dans ces parages, et comme il existe entre la pêche du corail et l'industrie qui s'y rattache une connexion assez étroite, il en est résulté que, du même coup, cette industrie a quitté Marseille, où elle avait longtemps été florissante, pour s'établir à Gênes, à Livourne et à Naples qui en gardent encore aujourd'hui le monopole.

Quant à la pêche, elle nous est en partie revenue, grâce aux sages mesures adoptées par l'administration. Quelques chiffres suffiront pour montrer combien la progression a été rapide. En 1845, sur 166 bateaux corailleurs qui exploitèrent les côtes de l'Algérie, un seulement était français. En 1864, le nombre total des bateaux employés était de 327; 186 étaient français, 118 italiens et 23 espagnols. Le moment ne semble donc pas éloigné où sans doute l'industrie elle aussi nous fera retour.

Le produit de la pêche du corail, qui occupe chaque année plus de 2000 marins, s'élève à plusieurs millions de francs. Les prestations dues à l'État ne dépassent pas 120 000 francs par an.

Les principaux armateurs pour la pêche du corail sont :

A Bône, MM. Balzano, Palomba, Palesi et Scott;

A la Calle, MM. Aquilina, Avellino Mangiapanelli et Scagnamiglio;

A Mers-el-Kébir, M. Costa, et à Oran, M. Manéga.

§ 4. *Production de la résine, du goudron, etc.*

Il existe en Algérie un nombre assez considérable de bois résineux, cèdre, pin d'Alep, genévrier, qui se rencontrent, soit à l'état de forêts, soit disséminés au milieu des autres essences. C'est dans la province d'Alger que se trouvent les massifs les plus importants.

Deux de ces massifs, l'un de 5182 hect., dans l'Ouarencenis, à 54 kilomètres d'Orléansville et appelé Aïn-Lelou; l'autre de 11 293 hect., près Boghar et nommé Ouled Anteur, sont en exploitation. Sur le premier, 1994 hect. ont été résinés et donnent chaque année 112 000 kil. de gemme dont on tire, par la distillation, des térébenthines, goudrons, colophanes et brais de toute première qualité. La mise en rapport des autres parties de la forêt triplera les résultats obtenus. Le second, qui comprend près d'un million de sujets résinables d'où on pourrait extraire 600 000 kil. de térébenthine et 1 200 000 kil. de brais par an, n'a encore que 170 000 arbres soumis au gemmage.

Un massif non concédé et qui mérite particulièrement l'attention des spéculateurs est celui formé par les deux forêts des Ksars et de Ksenna, près Aumale. Il occupe une étendue de 30 000 hect. renfermant plus d'un million d'arbres en état d'être résinés, dont 100 000 sujets dépérissants pourraient être gemmés à mort. Le transport de ces produits s'effectuerait aisément.

Plusieurs autres forêts de la province se trouvent dans de bonnes conditions pour fournir des produits résineux. Ce sont :

1° La foret des Ouled Hamza, d'une contenance de 1290 hect., sur la route de Médéah à Boghar;

2° Divers bois situés dans l'inspection de Milianah, et qui réunis, formeraient une contenance de plus de 8000 hect.;

3° Les forêts de l'Ouarencenis (900 hect.), de Zélamta (1200 hect.) et de l'oued Fodda (2770 hect.), non loin d'Orléansville.

Un autre établissement résinier pourrait comprendre les massifs de Boù Salah (3000 hect.), d'El Dechera (1900 hect.) et de Souk-el-Haad (3150 hect.), au sud d'Orléansville.

Marchands d'objets d'histoire naturelle, pelleterie, etc. :

Sass et Toche à Bône, Mme Oberti (plumes d'autruche) à Constantine, et Fabre à Souk Ahras.

Dans la province d'Oran :

Laguerre (plumes et œufs d'autruche), à Tlemcen.

EXPOSANTS.

Abram (le Rév. père Louis-Théodore), directeur de l'orphelinat de Misserghin (prov. d'Oran).

Établissement agricole et horticole fondé en 1849, d'une contenance de 700 hectares. — Il y a un moulin à farine d'une force de 3 chevaux; 60 hectares défrichés et le reste en parcours dans la montagne. 160 orphelins y sont entretenus.

Peaux tannées et montées de hyène, de lynx, de chacal et de civette.

Aquilina (Louis), à la Calle (prov. de Constantine).

Corail, 285 grammes, 200 fr.; corail adhérent à la pierre; branche de corail; broche de corail; corail blanc.

Chagot (N.), rue Richelieu, 37, Paris.

Autruche montée; collection de plumes d'autruche.

Costa (Benoît), à Mers-el-Kebir (prov. d'Oran).

Corail rose, 2 morceaux, 500 fr.

Depoisier (Joseph), à Alger.

Collection de sauterelles à leurs divers états ou périodes (un cadre).

Fabre (Auguste), sellier à Souk Ahras (prov. de Constantine).

Tête de cerf; descente de lit chacal et hyène; peau de lynx; peau de chat-tigre; djebira civette; djebira raton.

Herbet (N.), rue Thévenot, 12, Paris.

Collection d'objets en corail d'Algérie.

Jardin d'acclimatation d'Alger, *Hardy*, directeur.

Jeune autruche de qninze jours, empaillée; plumes d'autruche.

Laonarie (Raphaël), à Mers-el-Kebir (prov. d'Oran).

17 morceaux de corail rose et rouge, 1200 fr.

Loche (Mme Vve).

Collection de peaux et d'œufs d'oiseaux d'Algérie.

Mangiapanelli, à la Calle (prov. de Constantine).

Corail et engins de pêche.

Onnetto (Barthélemy), à Mers-el-Kebir (prov. d'Oran).

19 morceaux de corail rose et rouge, 800 fr.

Orphelinat de Bône (sœur *Saint-Bernard*), directrice (prov. de Constantine).

Duvet gris.

Plassé (Mme Vve) et **Oberty**, à Constantine.

12 plumes d'autruche gris clair, 25 fr.; 5 noires et blanches, 20 fr.; 9 teintes, 10 fr 6 grises, 10 fr.; 9 blanches, 185 fr.

Raval (Pierre), bijoutier horloger à la Calle (prov. de Constantine).

Corail, 2 morceaux; perles rondes; bracelets, clochettes, croix, pendants d'oreilles, broches, boutons-manchettes, boutons, boutons de gilet.

Schneider (Charles-Frédéric), à Misserghin (prov. d'Oran).

Plumes d'oie et duvet.

Société de climatologie algérienne, à Alger.

Anguille de 18 mois, 1m.20 de long; 2 barbeaux, 18 mois; 2 carpes, 18 mois, provenant des étangs de M. Rivière, de Douera; 1 carpe, 2 ans, des étangs du baron de Franclieu.

Toche, à Bône (prov. de Constantine).

Pelleteries diverses.

CLASSE 43.

PRODUITS AGRICOLES DE FACILE CONSERVATION.

§ 1er. *Coton.*

La culture du cotonnier *Gossypium* (L.) est traditionnelle en Algérie depuis des siècles. Sous les Turcs on la pratiquait dans plusieurs localités, et on rapporte qu'à une certaine époque, elle couvrait les plaines du Sig et de l'Habra.

Des essais furent tentés à diverses reprises depuis la conquête, principalement en 1842, à la pépinière du gouvernement d'Alger, c'était pendant la guerre, la colonisation était arrêtée dans son essor; aussi, malgré le succès de ces tentatives, la production ne s'étendit pas au dehors. Cependant, en 1851, les cotons figurèrent avec honneur à l'Exposition universelle de Londres. Deux années plus tard, de puissants encouragements étaient accordés à la culture qui, dès lors, prit un accroissement notable et décidé qui permit à cette riche production d'occuper une place distinguée au grand concours international de Paris en 1855, où, de l'aveu des hommes les plus compétents, même parmi les planteurs des États-Unis, il fut constaté que les cotons longue soie d'Algérie pouvaient être comparés aux plus belles espèces similaires de la Caroline et de la Géorgie, c'est-à-dire aux plus beaux cotons du monde.

A partir de cette époque et bien que depuis longtemps déjà l'administration ait laissé à l'initiative privée le soin de développer les cultures, la production a grandi dans d'importantes proportions; elle a atteint, pendant la dernière campagne, un chiffre de 7 à 8000 balles, particulièrement en coton Géorgie longue soie (sea Island), et tout indique qu'elle ne s'arrêtera pas là.

La sorte Géorgie longue soie se cultive surtout dans la province d'Oran, où les conditions de sol et de climat lui sont plus favorables. On récolte également le coton dans les deux autres provinces, mais sur certains points on lui préfère le coton Louisiane courte soie, qui est plus rustique et exige moins de soins.

Tous les terrains, en Algérie pas plus qu'en Amérique, ne sont pas égalemen propres à la culture du cotonnier à longue soie. Ceux qui lui conviennent le mieux sont les plaines peu éloignées de la mer dont le fond est composé d'alluvions mélangées d'argiles, de sables et de détritus, et qui sont baignées par les efflorescences salines, ou bien encore celles qui, dans l'intérieur du pays, sont voisines des grands lacs et dont le sol est imprégné par l'eau salée.

Ces conditions se rencontrent dans les plaines du Sig, de l'Habra et de la Mina, province d'Oran; dans celles de la Mitidja et du Chélif, province d'Alger; dans celles du Saf-Saf, de Bône et du Bou-Merzoug, province de Constantine, et dans presque toute la zone qui forme l'entrée du Sahara.

Ces territoires réunis ne renferment pas moins de 500 000 hectares, dès à présent rriguables ou susceptibles de le devenir à l'aide de barrages ou de puits artésiens. On voit par là que le champ des exploitations n'est pas limité aux étroites étendues qu'il occupe actuellement. Mais pour que la culture prenne tout le développement qu'on est en droit d'attendre d'elle, il paraît nécessaire d'y faire entrer un élément nouveau ou plutôt qui n'a encore été éprouvé que d'une façon restreinte, l'emploi de la main-d'œuvre indigène au moyen de l'association.

Des expériences de cette nature ont eu lieu dans l'arrondissement de Bône, les bras arabes se sont associés aux capitaux européens, quatre ou cinq cent familles ont exécuté, en participation avec un propriétaire français, des cultures dont la récolte a été ensuite partagée d'après des conditions arrêtées à l'avance. Les bénéfices réalisés ayant satisfait les parties contractantes, il est présumable que ces expériences seront continuées et que l'exemple sera suivi. La culture cotonnière trouvera dans ce nouveau procédé qui lui assure la main-d'œuvre à bon marché, un puissant stimulant, et c'est ainsi qu'elle arrivera à occuper dans la production la place que la nature semble lui avoir assignée.

Le cotonnier donne en Algérie des rendements qu'on peut considérer comme très-satisfaisants; ils sont de 8 à 10 quintaux bruts à l'hectare, souvent plus. Quelques planteurs ont retiré jusqu'à 18 quintaux.

Dans la province d'Oran, la plante qui, partout ailleurs, même aux États-Unis, est annuelle, vit, se conserve pendant quatre à cinq ans et atteint alors d'assez fortes dimensions.

Des ateliers d'égrenage ont été installés sur tous les points du territoire où la production a pris quelque développement. Les cotons sont envoyés, en soie, à Marseille et au Havre.

§ 2. *Lin.*

Le lin, *Linum usitatissimum* (L.), croit spontanément en Algérie, indice certain des succès qui attendent sa culture. Cette production n'est, du reste, pas nouvelle dans le pays, les indigènes la pratiquaient depuis longtemps et on la retrouve encore dans quelques localités de la Kabylie.

Les colons cultivent deux variétés de lin, le lin de Sicile à fleurs blanches et le lin de Riga à fleurs bleues ; le premier pour la graine, le second pour la filasse.

Le lin de Sicile est celui dont la culture a d'abord été expérimentée. Il était naturel qu'il en fût ainsi ; faute de moyen de rouissage et de teillage organisés, les agriculteurs durent rechercher plus particulièrement la production de la graine. Il n'a pas encore été tiré parti de la tige qui, quoique grossière, peut être utilisée pour la fabrication des toiles à tentes, des cordages, etc., mais la graine suffit pour donner des résultats supérieurs à ceux qu'on obtient du blé. Il n'est pas rare, en effet, de voir récolter sur un hectare 21 à 22 quintaux métriques de graines qui se vendent couramment 40 fr. le quintal, pris sur place.

Depuis quelques années, le lin de Riga tend à remplacer presque partout le lin de Sicile, surtout dans les provinces d'Oran et de Constantine, et la production s'est considérablement accrue. La création dans ces deux provinces, notamment à Boufarick, sur le domaine de Planchamp, près Philippeville, et à Bône, d'usines à rouir et à teiller, a été la cause de ce développement rapide qui va, chaque année, en s'accentuant davantage. Le lin de Riga mérite, il faut bien le dire, cette préférence, il donne, en effet, des produits plus rémunérateurs, puisqu'il permet de vendre avantageusement et à la fois la filasse et la graine.

Les filasses de lin récoltés en Algérie sont accueillies avec faveur par l'industrie française ; elles s'écoulent en quantités déjà considérables dans les départements du Nord où elles rencontrent des prix égaux à ceux qu'obtiennent les lins de Riga eux-mêmes.

Il y a quelques années à peine, on n'obtenait guère des lins algériens que des fils n° 40, propres à la confection des étoffes grossières. Les lins qu'on recueille actuellement, notamment dans la plaine de la Mitidja où la production a décuplé depuis trois ans, permettent de filer des n°s 110, 120 et 140 avec lesquels on établit des services de table damassés, des coutils, des batistes, même des dentelles qui ne redoutent aucune concurrence.

Si l'Algérie peut fournir d'excellentes filasses aux fabriques de la métropole, elle est appelée aussi à donner d'excellentes graines de semences à l'agriculture française. Des expériences récemment faites en Flandre et en Belgique, avec des graines de lin de Riga importées, puis cultivées pendant plusieurs années en Algérie, ont démontré que, loin de perdre leurs propriétés primitives, ces graines ont, au contraire, donné naissance à des lins supérieurs en finesse et en développement à ceux obtenus de semences venues directement de Russie.

On a fait du lin en Algérie une culture d'hiver. On le sème au mois de novembre, la récolte s'opère au mois de mai. Il profite ainsi de la saison des pluies.

On estime la récolte en tiges de lin à 50 quintaux, en moyenne, par hectare, le rendement en graines est de 7 quintaux.

§ 3. *Autres matières textiles.*

L'Algérie produit aussi d'autres matières textiles fort intéressantes au point de vue de l'industrie française. Elles sont fournies par l'*abutilon indicum*, plante d'une croissance rapide, et dont on peut extraire, au bout de trois mois de culture, 20 à 22 quintaux de filasse à l'hectare;

Le corite textile (*corchorus textilis*), qui donne un rendement égal d'une filasse propre à la confection des sacs;

L'agave d'Amérique et du Mexique, *agava americana et mexicana;* les deux agaves émettent tous les deux ans dix feuilles à couper dont on peut extraire 250 grammes de fil d'une grande finesse et d'une remarquable solidité;

L'agave fétide, *fourcroya gigantea.* C'est de cette espèce magnifique qu'au Brésil et dans toute l'Amérique méridionale on retire le fil de pilt; elle est d'une culture facile;

La seuservière, *sauserviera guineensis*, dont les fibres sont fines, solides et d'une facile extraction;

Le bananier, *musa paradisiaca*, dont on tire des fibres propres à la fabrication d'excellente toile, à l'imitation du chanvre de Marseille. Les fibres s'obtiennent après que les bananiers ont donné leurs fruits : il y a donc là double produit.

Plusieurs espèces ou variétés de bœhmeria (Jacq) parmi lesquelles l'*urtica nivea*, china grass, dont on connaît les précieuses qualités et que l'Algérie est en position de produire en grande abondance;

Le chanvre ordinaire, *cannabis sativa*, le chanvre de Piémont et le chanvre géant de la Chine.

On rencontre, en outre, répandues à profusion et poussant sans culture sur toute l'étendue de la colonie, trois plantes intéressantes à plus d'un titre et qui sont :

L'alfa, *ligeum spartum;* cette plante croît à l'état spontané dans le Sahara comme dans le Tell, elle résiste à la sécheresse et à toutes les influences atmosphériques. Peu de végétaux sont aussi précieux par la multiplicité de leurs emplois industriels. Les indigènes et les Espagnols l'utilisent pour la confection de toutes sortes d'ouvrages en sparterie, paniers, corbeilles, tapis, chaussures, chapeaux, sacs, cordes même.

L'industrie s'en est emparée pour la préparation de la pâte à papier. L'alfa débarrassé de la matière résineuse qui le pénètre, donne une matière fine ou grossière à volonté qu'on mêle à la pâte à chiffons à laquelle elle communique de la consistance;

Le diss, *arundo festucoïdes* (Desf.) est une graminée très-commune en Algérie, elle a la même destination que l'alfa pour la sparterie et la corderie. Dans les lieux où l'herbe manque on la sert comme nourriture au bétail;

Le palmier nain, *chamærops humilis.* Le palmier nain a fait longtemps le désespoir des cultivateurs algériens, par la profondeur, la ténacité et l'inextricable lacis de ses racines, et par l'abondance de sa végétation sur un grand nombre de points du territoire. Un champ couvert de palmiers ne coûtait pas moins de 3 à 400 fr. de frais de défrichement par hectare. On le travaille actuellement comme l'alfa et le diss, et on en tire les mêmes objets. On l'utilise, en grand, pour la fabrication du crin végétal ou crin d'Afrique, dont l'usage est très-répandu en France.

La production du palmier nain peut être considérée comme illimitée. Son exploitation, par les colons, est une industrie régulièrement organisée en plusieurs endroits, notamment aux environs d'Alger. Le quintal métrique revient au plus à 2 fr.

§ 4. *Laine.*

De tout temps l'Algérie, habitée par des tribus nomades riches en troupeaux, a été un pays de grande production pour la laine. Il est reconnu aujourd'hui que le mouton mérinos est originaire d'Afrique, d'où il a été introduit en Espagne par les Arabes conquérants. On en retrouve d'ailleurs les traces dans différentes tribus, elles se manifestent sous deux types différents, les laines de cardes, courtes, frisées, propres à la draperie, ce sont celles dont l'emploi est le plus répandu, et les laines de peigne, longues, lisses, employées dans la fabrication des étoffes rases, celles-là sont très-recherchées et la vente en est facile et avantageuse.

L'Algérie possède (production des indigènes) environ 10 millions de bêtes ovines disséminées sur toute la surface du pays, particulièrement dans les contrées voisines du Sahara. La laine de ces troupeaux n'est pas partout de belle qualité, elle s'est pourtant considérablement améliorée depuis quelques années, aussi les prix de vente se sont-ils élevés en même temps que le commerce a pris de plus larges développements.

Au moment où ce commerce a pris naissance, les laines de la colonie trouvaient difficilement des acheteurs au prix de 80 à 90 fr. les 100 kilogrammes. Il n'est pas rare aujourd'hui d'en voir acheter à des prix qui atteignent et dépassent 200 fr. les 100 kilogrammes en suint; le prix moyen est de 140 fr.

On évalue à 15 millions de kilogrammes en moyenne, le chiffre total de la production de la laine en Algérie pendant une année. Sur cette quantité, 7 à 8 millions de kilogrammmes sont exportés à l'extérieur, principalement en France. Le reste est absorbé par la fabrication indigène.

Avec son climat si favorable, avec ses immenses et excellents terrains de parcours, la colonie pourrait nourrir plus de 30 millions de bêtes ovines, et accroître, dans une proportion plus notable encore, la production lainière. Mais il faut du temps pour déraciner, chez les Arabes qui sont surtout propriétaires de grands troupeaux, des habitudes séculaires, et pour les initier aux méthodes perfectionnées d'élevage.

C'est de 1854 que datent les premières tentatives essayées dans cette voie. Deux moyens d'amélioration se présentaient : régénération de la race par elle-même ; introduction du sang régénérateur pris parmi les meilleures races du dehors. Ces deux moyens ont été appliqués parallèlement. Un troupeau modèle composé de brebis choisies avec le plus grand soin dans la race du pays, a été installé à Laghouat, au sud de la province d'Alger, et des béliers appartenant à la race mérine de France, ont été annexés à ce troupeau comme reproducteurs. Un groupe de béliers et de brebis de pure race mérinos était en outre placé à côté de ce troupeau, avec la destination de former des reproducteurs acclimatés qu'on devait livrer ensuite aux éleveurs européens et indigènes.

Les conséquences de ces mesures ne se sont pas fait attendre, dès la première année des troupeaux choisis se formaient sur plusieurs points, les reproducteurs de choix étaient partout recherchés avec empressement, et bientôt il fallait, pour satisfaire aux besoins de la situation, penser à créer un second troupeau qu'on plaça à Ben Chicao, sous la direction d'un habile éleveur.

D'autres améliorations étaient nécessaires, on y a pourvu. L'abâtardissement de la race ovine algérienne est due à deux causes principales : d'une part, le défaut de soins et d'abris pour les troupeaux pendant la mauvaise saison, d'autre part, la rareté et parfois même l'absence de nourriture durant la même saison. Ces deux causes réunies ont souvent exercé de cruels ravages sur les troupeaux indigènes. Dans certaines contrées, il est arrivé qu'en une seule saison, la moitié de la population ovine a péri de misère et de faim.

Les premières réformes à faire devaient donc consister tout d'abord dans la construction d'abris légers et peu coûteux pour recevoir les troupeaux au moment des grandes pluies de l'hiver, et dans la formation d'approvisionnements de fourrages. Des progrès marqués ont déjà été réalisés dans ce double sens.

De bons résultats ont été également obtenus par la substitution, dans l'opération de la tonte, des cisailles à la faucille autrefois employée pour cet objet et par quelques autres précautions relatives au choix des reproducteurs.

Des trois provinces de l'Algérie, la province de Constantine est celle qui réunit le plus grand nombre de troupeaux ; c'est aussi celle où se rencontrent les plus beaux types de laines. Vient ensuite la province d'Alger, puis celle d'Oran. Il est à remarquer, toutefois, que depuis la création des deux troupeaux modèles de Laghouat et de Ben Chicao, les laines de la province d'Alger se sont notablement améliorées, comme en témoigne l'élévation des prix de vente.

Voici, par province, les principaux centres de production ; ce sont eux aussi qui donnent les meilleures laines :

Dans la province d'Alger, les cercles de Laghouat, de Boghar, de Médéah et d'Aumale ;

Dans la province de Constantine, les cercles de Tebessa, de Bordj Bou Areridj, de Biskra, de Batna et de Constantine ;

Dans la province d'Oran, les cercles de Mascara et de Mostaganem.

Le mouvement commercial des laines, en se développant, a amené un changement heureux dans les transactions. Jusqu'en 1864, les caïds servaient d'intermédiaires pour les transactions entre Européens et indigènes, mais ce mode de vente offrait de graves inconvénients, il était la source de nombreux abus, dont les producteurs et souvent les acheteurs étaient victimes. Depuis cette époque le contact direct entre le vendeur et l'acheteur a été établi, celui-ci va jusques sur les marchés de l'Intérieur, à Djelfa, à Laghouat, à Sebdou traiter directement avec l'indigène et les transactions se font à la satisfaction des deux parties.

Production chez les colons.

D'abord assez restreint aux premiers temps de la colonisation, l'élève des bêtes à laine chez les colons européens s'est sensiblement développé depuis quelques années. On compte chez plusieurs d'entre eux des troupeaux qui n'ont pas moins de 1200 têtes d'animaux mérinos, croisés ou améliorés par la sélection. Les laines de cette provenance se vendent nécessairement à des prix plus élevés que celles des indigènes. Il ne paraît pas douteux toutefois que, dans l'état actuel de l'industrie lainière en France, c'est plutôt à produire des laines de moyenne qualité, semblables celles de l'Australie, que doit s'appliquer l'éleveur algérien, plutôt qu'à livrer des laines fines dont la consommation tend à diminuer chaque année.

Troupeau de chèvres d'Angora.

La bergerie de Ben-Chicao, en dehors du troupeau de moutons dont il est parlé ci-dessus, sert d'asile à un troupeau de chèvres d'Angora qui y prospère aussi bien qu'on peut le désirer et dont les produits se propagent au dehors, en communiquant ses précieuses qualités à la race du pays. Cet établissement renferme en outre des lamas et des alpacas.

§ 5. *Cocons de vers à soie.*

Le mûrier réussit admirablement en Algérie ; il ne lui faut pas plus de cinq ou six ans de plantation pour atteindre son parfait développement. Le ver à soie rencontre également d'excellentes conditions de réussite ; il n'a à redouter ni orages, ni abaissement trop prononcé de température. Aussi toutes les fois que les soies algériennes ont été soumises à l'examen des hommes compétents, les témoignages ne lui ont pas manqué pour constater la qualité supérieuse de ce riche produit.

La production séricicole s'est rapidement développée pendant plusieurs années ; en 1854 elle atteignait le chiffre de 18 000 kil. Depuis, la maladie est venue en ralentir l'essor, et en ce moment elle n'a pas encore repris sa marche ascensionnelle. Cependant le fléau a cessé de sévir, les éducations n'ont plus à redouter les accidents qui atteignent celles de la France et de tant d'autres contrées. D'un autre côté les plantations de mûrier sont partout considérables dans la colonie, elles pourraient nourrir cent fois plus de vers qu'on n'en élève actuellement. A quoi tient donc le temps d'arrêt qui pèse sur cette culture ? Au manque de filatures installées sur place, à l'absence de débouchés immédiats et certains. Mais c'est là, il faut bien l'espérer, un mal passager et qui cessera bientôt.

Les éducations portent principalement sur les races milanaises, des Cévennes et du Levant. Les races chinoises et japonaises ont aussi été introduites dans ces derniers temps ; elles ont donné de très-bons produits.

La moyenne des rendements varie entre 40 et 50 kil. par once de graines.

On s'est également beaucoup occupé en Algérie de deux vers à soie qui ont attiré l'attention des savants en France ; le ver à soie du ricin et celui de l'ailante. Le premier surtout a été un moment cultivé sur une échelle assez étendue, la production paraissait devoir prendre de grandes proportions, le ricin vivant et se développant avec une merveilleuse facilité dans le pays. Malheureusement l'emploi industriel de ces cocons n'est pas trouvé, les acheteurs ont manqué et il a fallu renoncer à la perspective qui semblait s'ouvrir devant les éducateurs.

On a également essayé le ver à soie du chêne qui a parfaitement réussi.

On trouve en Algérie, principalement sur le littoral, une plante qui croît à l'état sauvage et dont on extrait une sorte de soie naturelle, connue sous le nom *d'asclépiade* ou *apocyn* à ouate. M. Costérisan de Sidi Ali, province d'Oran, exploite cette plante ainsi que le lin de Riga.

§ 6. *Plantes oléagineuses.*

En dehors de l'olivier dont les produits sont exposés à la classe 69, on cultive en Algérie diverses plantes oléagineuses parmi lesquelles le lin, le colza, le ricin tiennent la première place.

Le lin, *linum usitatissimum* (L.), exploité pour la graine, est le lin de Sicile, dont les caractères se rapprochent beaucoup de celui qu'on cultive en France sous le nom de têtard. Semé en automne, il profite des pluies de l'hiver, et se récolte fin mai avant les commencements des autres récoltes. La graine de lin de la colonie est de qualité supérieure, elle jouit sur la place de Marseille d'une légitime réputation et s'y vend en quantités déjà considérables. Le prix de vente en Algérie est en moyenne de 40 fr. le quintal.

Le rendement en huile est, à froid pour la pharmacie, de 22 p. 100, à chaud pour l'industrie, de 43 p. 100.

Le colza, *brassica campestris* (L.), est entré depuis quelques temps dans les cultures de quelques exploitations agricoles de l'Algérie. Il y réussit admirablement; semé, comme le lin pendant l'automne, on recueille la graine au printemps suivant. La graine est lourde, très-chargée en principes oléagineux et jouit de prix de faveur sur les marchés de la métropole. Le rendement est à l'hectare de 17 à 18 quintaux de graines, dont on extrait les mêmes quantités d'huile que des produits similaires du département du Nord.

Le ricin, *ricinus communis* (L.), pousse en Algérie dans tous les terrains, y atteint de grandes dimensions et forme, après 8 ou 10 ans d'existence, un arbrisseau de 4 à 5 mètres de hauteur. Un hectare de terrain en plein rapport donne annuellement une moyenne de 3000 kil. de graines, dont on retire 40 à 45 p. 100 d'huile excellente pour l'éclairage et la fabrication du savon. Les autres variétés de ricin prospèrent également dans la colonie. Le ricin se vend en gros 35 fr. les 100 kil. Il donne, fabriqué à froid, 32 p. 100 d'une excellente huile pharmaceutique.

Les autres plantes oléagineuses dont la production présente des avantages, sont :

L'arachide, *arachis hypogæa* (L.), dont le rendement à l'hectare est de 2400 à 3000 kil. de graines, qui rend 40 p. 100 d'huile dont Marseille utilise de grandes quantités;

La cameline, *myagrum sativum* (L.), qui rend de 12 à 1500 kil. à l'hectare. On extrait de la graine le tiers environ de son poids d'huile;

Le carthame, *carthamus tinctorius* (L.), dont la fleur est utilisée pour la peinture, produit en abondance des graines qui renferment 25 à 30 p. 100 d'une huile siccative estimée dans l'industrie;

L'héliante, *helianthus annuus* (L.), ou tournesol, qui donne une huile avantageusement connue dans le commerce;

Le pavot, *papaver somniferum* (L.): après l'obtention de l'opium par l'incision des capsules, on extrait de celles-ci des graines, dont le poids est de 6 à 700 kil. à l'hectare, le rendement de 40 p. 100 d'huile.

Le sésame, *sesamum orientale* (L.), dont on obtient à l'hectare 1500 kil. de graines rendant 50 p. 100 d'huile comestible.

La graine du coton longue et courte soie dont on retire une huile qu'emploie l'industrie du savon. Les huileries mélangent ordinairement les deux sortes de graines. Traitées séparément, elles donnent une huile identique. Cependant le rendement en huile de la graine du longue soie est environ d'un tiers plus élevé que celle du courte soie. La graine du longue soie se vend à Alger en moyenne 9 fr., celle du courte soie 7 fr. les 100 kil. Le prix de l'huile de coton épurée est d'environ 110 fr. les 100 kil., prix de Marseille.

Le *madia sativa*, Madie du Chili; plante à culture hivernale, dont on retire 2000 à 2300 kil. de graines, rendant environ 25 p. 100 d'huile de bonne nature.

La navette, *brassica napus* (L.), et le radi oléifère de la Chine, deux plantes vigoureuses qui procurent une huile abondante.

§ 7. *Cire et miel.*

Aucun pays n'offre des conditions plus favorables à l'apiculture que l'Algérie ; la température, la nature des plantes qui croissent en abondance dans le pays, tout concourt à féconder et à multiplier l'intéressant insecte, dont on obtient le miel et la cire.

Plusieurs colons se livrent avec une sollicitude toute particulière à l'éducation des abeilles, d'après les principes les plus autorisés ; ils en retirent des produits justement estimés. Mais c'est surtout entre les mains des indigènes que se trouve cette industrie qu'ils exploitent, soit sur des abeilles domestiques, soit sur des abeilles vivant à l'état sauvage.

La cire et le miel de l'Algérie ont, de tout temps, été renommées par leur qualité supérieure. Quoique préparées à l'aide de procédés peu perfectionnés, ils n'ont rien perdu de leur mérite.

Les indigènes font une énorme consommation de miel ; il entre dans la plupart de leurs aliments, surtout dans la confection des pâtisseries. Le commerce du miel est donc très-étendu, celui de la cire l'est également. A certaines époques de l'année, les marchés arabes sont largement approvisionnés de ces produits, qui, en général, sont absorbés dans le pays.

§ 8. *Tabac.*

La production du tabac, très-répandue parmi les indigènes avant l'occupation française, ne s'est introduite qu'en 1844 dans les cultures des colons européens ; mais elle a fait de rapides progrès. Ainsi, dès 1854, le nombre des planteurs s'élevait à 2323 pour une superficie de 2818 hectares. En 1860, les étendues plantées étaient de 6697 hectares ; c'est à peu près le chiffre des plantations actuelles.

La culture, la manipulation et la vente des tabacs jouissent, en Algérie, d'une liberté complète. Chacun peut produire, fabriquer, livrer, exporter à sa guise. L'État n'intervient que pour des achats aux producteurs.

Les achats de la régie ont monté, dans quelques années, jusqu'au chiffre de 6 millions de kilog. La moyenne actuelle est de 4 millions.

Presque tous les colons se livrent à la culture du tabac ; la production atteint chaque année de 8 à 10 millions de kilog., sur lesquels la régie, comme on vient de le voir, achète 4 millions de kilog.; le reste est absorbé par la consommation locale et par l'exportation.

Les tabacs, exportés en feuilles pour l'Angleterre et divers autres pays, ont atteint, en 1864, un chiffre de plus de 3 500 000 kilog., avec une augmentation considérable sur les années précédentes.

Les tabacs les plus estimés de l'Algérie sont ceux appelés « chebli, » du nom de la localité, où ils sont cultivés depuis longues années par les indigènes. Des essais ont été tentés pour naturaliser, dans le pays, les crus de la Havane, de Java, de Manille, de Maryland, Kentuki, etc. Quelques-uns ont réussi, mais, en général, les planteurs s'en tiennent à la sorte chebli que la régie de France emploie avec avantage pour la fabrication des cigares à 5 et à 10 cent., et pour la préparation du tabac à fumer.

Les prix des tabacs en feuilles varient, suivant la qualité, de 40 à 180 ou 200 fr. les 100 kilog. La régie ne dépasse pas le prix de 160 fr.

Des négociants algériens, entre autres M. Gugenheim à Alger, MM. Bosson frères à Oran, achètent les tabacs aux planteurs, après la récolte, ils les manipulent dans leurs ateliers, afin d'en compléter la dessiccation, puis ils les livrent au commerce d'exportation.

Afin de faciliter la vente des tabacs en feuilles, il a été créé, à Alger, un marché quotidien, où dans certains moments de l'année, les transactions ont beaucoup d'activité.

Un autre marché existe à Blidah dans le même but.

Les cigares fabriqués en Algérie, le sont avec des feuilles indigènes pures, les autres sont mélangés avec des tabacs exotiques, qui sont, dans ce cas, employés surtout comme enveloppes.

Il existe actuellement plusieurs grandes manufactures de tabacs et de cigares en Algérie; les principales sont à Alger et à Oran. Les ouvrières qu'elles emploient sont principalement espagnoles, elles sont arrivées dans cette manipulation à une dextérité et à une adresse extraordinaires; il n'existe pas de cigares mieux préparés que ceux de l'Algérie.

On estime que cette fabrication comprend un chiffre approximatif de 1 500 000 kilog. par an, sur lequel 400 000 kilog. environ sont livrés à l'exportation.

§ 9. *Matières tannantes.*

Les forêts et le sol de l'Algérie abondent en matières propres au tannage des cuirs, et qui y croissent à l'état spontané. Tels sont: différentes variétés de chêne, le sumac thezera, le teggaout (galle d'une espèce particulière de tamarin), le pyrèthre, le lentisque, le toccezala, le garou, l'aubépine, l'écorce de grenade, etc.

Les tanneurs européens emploient principalement les écorces de chêne-liége, les feuilles de lentisque et l'oignon de scille.

Les procédés de tannage en usage chez les indigènes sont assez primitifs. Ils consistent le plus souvent dans l'emploi de l'alun mélangé avec l'écorce de pin d'Alep. D'autres fois, ils se servent de l'écorce de grenade concassée qu'ils triturent à force de bras, en même temps que la peau encore fraîche, de manière à faire pénétrer

dans les tissus de la peau, la substance astringente qui doit en assurer la préparation. Ce sont surtout les peaux d'agneau et de chèvre qu'ils préparent ainsi. Pour les peaux de chameau, ils se bornent à les imprégner de sel.

L'alun, le bois de campêche et l'écorce de grenade sauvage sont les principaux ingrédients employés pour la teinture des cuirs ; les couleurs préférées sont le rouge et le noir, puis le jaune et le violet.

§ 10. *Matières tinctoriales.*

On trouve, en Algérie, un certain nombre de plantes naturelles, dont les indigènes tirent des matières colorantes. Ces plantes sont le curcuma, la garance sauvage (*foua*), l'écorce de grenade sauvage, le chebouba, l'écorce d'aubépine. Une espèce particulière de chêne, *quercus coccifer*, donne un insecte qu'on appelle kermès, dont on tire une couleur rouge.

Pour teindre en bleu, les indigènes emploient l'indigo (*nila*) auquel il est ajouté, comme mordant, des dattes d'une qualité particulière nommée « queurse. » Pour teindre en jaune, ils se servent du curcuma, qui croît abondamment dans le pays. Après l'avoir réduit en poudre, ils le délayent dans de l'eau à laquelle ils mêlent de l'alun. Ils obtiennent la même couleur jaune, mais plus faible, avec l'écorce de grenade sauvage desséchée (*guechra*). Pour obtenir le jaune doré et orangé, ils se servent d'une variété de centaurée commune dans le pays (*redjak'nou*), mélangée avec un tiers de henné. Ils teignent en rouge avec la garance sauvage (*foua*), qui se rencontre en beaucoup d'endroits. Ils se procurent la teinture noire en plongeant le tissu dans un bain d'écorce de grenade, puis en le plaçant dans une dissolution de sulfate de fer.

Les mordants, dont ils font usage, soit pour fixer les couleurs, soit pour multiplier les nuances, sont l'alun, qu'on se procure dans le pays, la crème de tartre, la chaux et quelques acides à base d'étain et de fer.

Les matières colorantes cultivées sont la garance, le nopal à cochenille, le carthame, l'indigotier et le henné. Celui-ci est plus particulièrement exploité par les indigènes. La production des autres plantes est entre les mains des cultivateurs européens.

La garance, *rubia tinctorium* (L.), est, depuis quelque temps déjà, introduite dans les cultures européennes. Dès le début de cette production, il fut constaté, par les personnes les plus compétentes, notamment par M. Chevreul, de l'Institut, que la garance algérienne pouvait soutenir la comparaison avec les produits similaires de l'Alsace et de Vaucluse. La garance réussit très-bien dans la colonie ; elle pourrait même y être d'un rapport facile et avantageux, les terres riches en carbonate de chaux, où on obtient les racines rosées recherchées par le commerce, étant très-communes dans le pays. Cependant cette culture n'a pas encore pris de grands développements, faute de débouchés pour la vente et aussi parce que la récolte se fait attendre pendant deux ou trois années.

Le nopal à cochenille, *cactus coccinillifera* (L.), végète admirablement en Algérie, de même que les autres opuntia indigènes. Les premiers essais d'éducation de cochenille, *coccus carti* (L.), remontent à l'année 1831 ; ils furent entrepris par M. Simounet, encore aujourd'hui pharmacien à Alger, et donnèrent de bons résultats. Ils ont été continués depuis sur une grande échelle à la pépinière du gouvernement du Hamma, près Alger. Deux ou trois nopaleries particulières s'établirent aussi dans différentes localités, notamment aux environs d'Alger. Mais, d'une part, l'abaissement des prix de vente sur les marchés, et, d'autre part, des difficultés de l'ordre économique, ont arrêté la culture, qui est maintenant à peu près complétement abandonnée par les colons. Il est probable qu'ils y reviendront, lorsqu'un peu plus d'aisance leur permettra d'attendre les récoltes fort riches d'ailleurs, qui ne s'obtiennent qu'après trois années de plantations.

La cochenille grise et zaccatille a été étudiée en France par des hommes spéciaux qui l'ont classée comme tenant le milieu entre celle venant du Mexique qui lui est inférieure, et celle des Canaries qui est de meilleure qualité.

L'indigotier, *indigofera tinctoria et argentea* (L.). Ces deux variétés, ainsi que *l'indigofera anel*, ont été cultivées, à titre d'essai, par M. Hardy au Jardin d'acclimatation d'Alger. Toutes trois ont parfaitement réussi et ont donné des produits de bonne qualité, mais elles n'ont pas encore passé dans les cultures particulières.

On a également expérimenté avec beaucoup de succès, dans le même établissement, l'*eupatorium tinctorium*. Cet arbrisseau, originaire du Brésil, est cultivé depuis plusieurs années; il s'élève à 2 ou 3 mètres et paraît pouvoir durer 12 ou 15 ans, On peut en obtenir deux à trois coupes par an. L'indigo recueilli est d'une grande pureté.

Le henné, *lawsonia inermis* (L.) est depuis longtemps cultivé par les indigènes, Les environs de Mostaganem dans la province d'Oran, étaient autrefois le siége particulier de cette production qui s'exportait au loin. On l'exploite maintenant sur d'autres points, et les quantités récoltées chaque année s'élèvent à un chiffre assez considérable. Le rendement annuel est de 22 à 25 quintaux de feuilles à l'hectare.

Cette production s'est trouvée récemment augmentée par la découverte de deux industriels de Lyon; MM. Gilles et Pierron ont obtenu de ces feuilles un principe pour colorer, en un noir brillant et azuré, les plus belles soieries.

Les indigènes en tirent un autre parti. Avec les feuilles réduites en poudre délayée dans de l'eau mélangée d'alun, les femmes se teignent en rouge orangé les mains, les ongles, le dessous des pieds.

Ils emploient aussi le henné pour colorer la queue, la crinière, le dos et les jambes des chevaux. Enfin, ils l'utilisent en médecine contre les contusions, les blessures, les abcès, etc.

§ 11. *Fourrages.*

Les prairies naturelles de l'Algérie sont d'une richesse et d'une beauté incomparables. Chaque année, aussitôt après les premières pluies d'automne, la terre se couvre d'un magnifique tapis de verdure. Les légumineuses et les graminées se disputent le sol et forment, réunies, un fourrage succulent d'une grande abondance.

On exporte annuellement de la colonie sur différents ports de la Méditerranée plusieurs centaines de milliers de quintaux de fourrages.

Malgré la grande étendue des prairies naturelles, beaucoup de cultivateurs européens ont créé, sur leur exploitation, des prairies artificielles qui y prospèrent admirablement, surtout quand elles peuvent être irriguées. Les plantes fourragères qui réussissent le mieux sont la luzerne, le maïs, le sorgho sucré, la vesce, etc.

Parmi les principaux négociants des produits désignés dans cette classe, il faut mentionner,

Pour les cotons :

A Alger, M. Vallier, égreneur; Griess-Traut;

Dans la province de Constantine :

Nielli, à Philippeville;

Brond Dubourg, et Zircher à Bône;

Dans la province d'Oran,

MM. Masquelier fil et Cie et veuve Merlin, à Saint-Denis-du-Sig;

Gardel, à l'Habra;

Herzog, Lévy et Lescure, à Oran,

Graillat, David Cosman, et Berr frères, à Mostaganem;

Pour les laines :

Dans la province d'Oran,

MM. Kévy, Manégat, Giuliani, Renaud et Giraud, à Oran;

Dans la province de Constantine,

Dubourg, à Bône;

Barnoin, Charles Brunache, Defrenne, Fawtier, Germon, Lavoûte, Martin et Villa, à Constantine;

Pour les cotons et les laines :

Andrieux (Joseph), Lévy (Louis), Sarral (Antoine), Reives (Élisée), à Oran; — Aboudharam et Mahon, à Nemours; — Dolfus, à Relizane; — Tardieu, à Saint-Denis-du-Sig; — Vilumbrales (Joseph); Rochefort (Jean), à Sidi bel Abbès.

Pour les tabacs :

Dans la province d'Alger,

M. Gugenheim, tabacs en feuilles, et Bakry, tabacs fabriqués à Alger;

Dans la province d'Oran,

Bosson, frères, à Oran (tabacs en feuilles, cigares, tabacs à fumer, etc.

A Tlemcen, MM. Gaspard Allamo, Paul Manuel, Amat (Rémond), Botella, Forregrosse, Mohamed Bouchama;

A Sidi bel Abbès; Bosson (Antoine), Seller (Joseph);

A Mostaganem, Ganidel, Munoz, Assorin;

A Mascara, Garcia (Antoine), Bosson, Sant Iago Balerino;

A Oran, Silva (François), Canova (Joachim), Scando (Mardochée);

Dans la province de Constantine,

M. Ducoup aîné, à Constantine.

Pour les cires :

M. Barnoin, à Constantine.

EXPOSANTS.

Abderrahman ben Gandouz, caïd d'Ain-Turc-Sétif (prov. de Constantine).
Grande culture; 25 charrues au cinquième; 46 cheptels; 1 000 têtes de bétail. Laines en suint.

Abidi ben Nasseur, des Ouled-Dhia-Soukahras (prov. de Constantine).
Cire; miel.

Abram (Rév. P.), directeur de l'Orphelinat de Misserghin (prov. d'Oran).
Miel 1re et 2e qualités; laines; cocons.

Ahmed ben Dhif, caïd de l'Oued-Chaïr Bou Saada (prov. de Constantine).
Toisons de laine en suint; *idem* lavées.

Ahmed ben M'hammed, cheikh du Nador-Guelma (prov. de Constantine).
Racines de garance.

Ahmed bel Kadi, caïd à Batna (prov. de Constantine).
Alfa brut; diss; poil de chameau.

Ahmed ben Saad, caïd de Oulad Aïssa, Bou Saada (province de Constantine).
Toison de laine lavée.

Ahmed ben Saïd, cheikh de Oulad-Ayem, Djijelli (prov. de Constantine).
Filasse de lin.

Ahmed ben Salah, de Beni-Gueccha-Guelma (prov. de Constantine).
Laine en toison.

Ahmed ben Seliman, caïd des Eulmas-Sétif (prov. de Constantine).
Laine en suint.

Aïssa ben Mohammed, de Teniet el Haad (prov. d'Alger).
Laine.

Ali ben Mohammed, caïd des Oulad si Yahia-Tebessa (prov. de Constantine).
Coton longue soie non égrené; coton courte soie non égrené.

Ali-Bey, caïd de Tuggurth.
Racine de garance; tabac du Souf.

Ameri ben el Galeg, des Treat-Bône (prov. de Constantine).
Miel.

Arezki ou Ihattaren, des Beni-Ratten (prov. d'Alger).
Cire kabyle.

Arnaud (Claude), à Marengo (prov. d'Alger).
Cocons sur bruyère.

Bachir ben el Guerri, caïd des O. Feradj-Bou-Saada (prov, de Constantine)
Toison de laine en suint; toison de laine lavée.

Bakry (Cohen) et Cie, à Alger.

Manufacture de tabacs et cigares fondée en 1858, employant 144 ouvriers, dix mécaniques, un four, un séchoir.
Tabacs de Philippeville et de Bône, en feuilles; tabac à fumer, Khrachena, Virginie, Chebli, Beni Khelil, de Bône et de Philippeville; tabac à priser français et arabe: cigares extra-londrès, extra D. M., Khrachena, Plantcha-anglais, etc.; cigarettes de S. M^le^ I^le^, Khrachena, Havane, Virginie, Chebli, et mélangées.

Barnoin (Cyprien), à Constantine.

Exploitation agricole de 120 hectares dans la vallée du Bou-Merzoug; sept familles de Khrammès.
Miel 1866; cire en pain.

Barrot (Ferdinand), propriétaire à Planchamp (prov. de Constantine).

Exploitation agricole de 610 hectares dans la vallée de Safsaf-Philippeville, fondée en 1845; ferme; locomobile de 5 chevaux; machine à vapeur fixe de 25 chevaux; 120 bœufs de labour; 200 à l'engrais; 2 fours à briques; 18 charrues: 10 herses; 6 charriots; machine à battre; 100 hect de lin; 80 hect. de céréales; 120 hect. de fourrages; 3 hect. de vigne; 4 hect. de jardin, etc.
Graines de lin; lin vert et en tiges.

Begué, planteur (prov. de Constantine).

Coton longue soie égrené.

Bel Kassem, des Oulad-Naïl (prov. d'Alger).

Laine lavée, 53 kil.

Bel Kassem ben Nacer, caïd d'Allaouna-Tebessa (prov. de Constantine).

Laines; racines de pyrèthre.

Bellecôte (Albert-Louis-Charles Sayde, baron de), à Bône (prov. de Constantine).

Association avec les Arabes du caïdat de l'Édough.
Lin en tiges; coton longue soie égrené; coton longue soie non égrené; coton courte soie égrené; coton courte soie non égrené.

Belot (Phil.-Aug.-Émil.), à Saint-Denis-du-Sig (prov. d'Oran).

Miel vierge des pontes royales; miel vierge de jeunes essaims; miel coulé à la gouttelette; cire avec propolis; cire non propolisée.

Beltra (Joseph), d'Arzew (prov. d'Oran).

Coton longue soie non égrenée.

Ben Mira ben Messaoud, des O. Allan (prov. d'Alger).

Laines métis de premier croisement de brebis indigènes avec les béliers mérinos de Chicao.

Benoit (Édouard) et Comp^ie^, propriété F. Barrot, à Planchamp (prov. de Constantine.)

Industrie linière; société créée en octobre 1863; usine fondée en mai 1864; emploi de la main-d'œuvre arabe; locomobile de 5 chevaux, et machine à vapeur fixe de 25 chevaux; forge chaudière tubulaire; machine à égrener; 2 tarares; 6 rouloirs en maçonnerie, etc.
Lin vert non égrené; lin roui; lin roui sur terre; lin étoupe.

Bergerie du Gouvernement, de Ben-Chicao, subdivision de Médéah (prov. d'Alger).

Fondée en 1859, pour l'élevage des races mérinos et angoras et l'amélioration des troupeaux de l'Algérie; étendue territoriale, 250 hectares; 5 ouvriers militaires et 10 bergers indigènes.
Poil de chèvres-angora en toisons.

Bergerie du gouvernement de Taadmit : Subdivision de Médéah.

Laines métis.

Bernardi, à Douéra (prov. d'Alger).

Câbles, Cordages et cordes, en cœur de palmier nain.

Bertaut (Jean-Baptiste), à Millesimo (prov. de Constantine).

Tabac en feuilles.

Berthier (François-Paul), à la Rassanta (prov. d'Alger).

Graine de lin indigène ; idem de Riga ; graine de chanvre ; pavots.

Berton (Jean-Pierre), à Tizi-Ouzou (prov. d'Alger).

Tabac ; coton.

Boensch (Albert), à Kouka (prov. d'Alger).

Méthodes perfectionnées d'éducation des abeilles ; miel pur (1866) ; cire pure (1866).

Bosredon, directeur de la Ferme-École de l'Oued-Ouarrath (prov. de Constantine).

Cette ferme, fondée le 12 décembre 1864, d'une contenance de 625 hectares, possède 27 bœufs, 10 mulets, 450 têtes de bétail, et emploie la main-d'œuvre des détenus indigènes du pénitencier d'Aïn el Bey.

Laines ; miel.

Bosson frères, à Oran.

Manufacture de tabacs et papier à cigarettes, créée en 1848. Emploi de cent ouvriers, un four dessicateur, succursales à Mascara, Mostaganem, Tlemcen, Sidi bel Abbès, comptoir à Lyon, rue Impériale, n° 4, et Spire (Bavière rhénane) ; seconde manufacture, créée à Alger en 1866.

Tabacs à priser, français et arabe, 30 variétés.
Tabac à fumer, 32 variétés.
Tabac à chiquer, 2 variétés.
Cigarettes, 36 variétés.
Cigares, 112 variétés.
Tabacs en feuilles, 28 variétés.
Papiers à cigarettes, fabriqués avec des matières textiles de l'Algérie.

Bou Addi ben Mohammed, caïd des Oulad Ammar (prov. de Constantine).

1 toison, laine lavée ; 1 toison, laine en suint.

Bouchet (Lucien), à Duzerville (prov. de Constantine).

Lin en tiges.

Bouchet (Hugues), à Rebeval (prov. d'Alger).

Garance.

Boudet (Jean), à El Hadjaz (prov. de Constantine).

Exploitation de 91 hectares, fondée en 1846.
Gaude tinctoriale (1866) ; laine métis ; laine mérinos.

Bou Diaf ben Salah, caïd d'Aïn Beïda (prov. de Constantine).

Laines en toisons.

Bou Laras ben Djebari, caïd de Bou Hadjar (prov. de Constantine).

Miel.

Boulet (Joseph), à Sidi bel Abbès (prov. d'Oran).

Propriété de 400 hectares, créée en 1855.
Tabac en feuilles ; racines de garance.

Bou Medine el Hadj Boikal-Brixi, à Tlemcen (prov. d'Oran).

Tabac chebli, en feuilles.

Bourgeois du Marais (Marie-Éd.), à Penthièvre (prov. de Constantine).

Cotons (petits échantillons).

Bradshaigh (William Rogert Harden), à Birkadem (prov. de Constantine).

Laines indigènes.

Braham ben Mohammed ou Saïd el Ghobrini, caïd des Tachetas (prov. d'Alger).

Laines indigènes ; miel.

Brouillard (Louis), à Mangin (prov. d'Oran).

Graine de lin.

Cercle de Tizi-Ouzou (prov. d'Alger).

Tabac en feuilles ; noix de galle ; fleurs de carthame ; centaurée.

Chabrand (Louis), à Oran.

Blanchiment des cires, fabrique de cierges et de chandelles, fonderie de suifs, établissement créé en 1862 ; une bouilloire à vapeur à 4 atmosphères.
Bloc de cire; cire en écoupeaux; en bloc, 5 francs 50 cent. le kil.; cire clarifiée, à 5 francs 75 cent. le kil; Buste en cire propre au coulage, 25 fr. ; cierges, pour la messe et première communion; pour mariages israélites; type de cierge arabe ; suif de mouton fondu; suif de bœuf fondu à la vapeur.

Champ (Pierre-Laurent), pharmacien, à Blidah (prov. d'Alger).

Graines et ricin d'Amérique, du Japon, et sauvage.

Charpentier, maire de Bougie (prov. de Constantine).

Cire jaune.

Chettaba (cheikh de la commune du) (prov. de Constantine).

Diss brut.

Christ (Jean-Henri), à Ponteba (prov. d'Alger).

Tabac en feuilles.

Chuffart (Henri), à Oued el Haleug (prov. d'Alger).

Exploitation agricole de 122 hectares.
Cameline en tiges ; lin de Riga (1866), en tiges ; lin d'Italie (1866), en tiges ; lin de Riga (1867), en tiges ; lin d'Italie (1867), en tiges ; graine de lin de Riga (1866) ; huiles de cameline et d'œillette.

Comice agricole de Constantine.

Laines en toisons.

Commandant de la subdivision de Batna (prov. de Constantine).

Alfa.

Commandant supérieur de Bou Saada (prov. de Constantine

Alfa brut, d u cercle

Compagnie Française des Cotons et Produits agricoles algériens. *A. du Mesgnil*, administrateur-directeur.

Laine indigène de Constantine, toisons en suint; *id.* triée, 5 qualités; *id.* lavée, 5 qualités; *id.* Blousse, 5 qualités; toison lavée pour matelasserie.

Coton longue soie, non égrené; *id.* courte soie, *id.*; coton longue soie, égrené aux usines de Boufarik; *id.* courte soie, *id.*; coton Jumel, *id.*; coton Nankin, *id.*

Lin de Riga algérien, en tiges, 5 échantillons; lin à fleur blanche, en tiges; lin royal, *id.*; lin d'Italie algérien, *id.*

Lin de Riga algérien, ordinaire, roui et teillé à Boufarik, 1 balle; *id.* fin, *id.*, 1 balle; *id.* surfin, *id.*, 1 balle; lin d'Italie algérien, *id.*, 1 balle; étoupes de teillage de lin de Riga, 1 balle.

China-grass (*urtica nivea*), en tiges.

Crin végétal (*chamærops humilis*, palmier nain), en étoupes; *id.* frisé; cordes en crin végétal, ordinaires, grosses et fines.

Plante de colza algérien (*brassica campestris*), récoltée à Ali-Gatam; moutarde blanche, en tiges; cameline, *id.*; pavot blanc, *id.*; capsules de pavots somnifères.

Graine de lin de Riga algérien, pour semences en Europe; *id.* lin d'Italie pour huilerie; graine de colza; *id.* de cameline; *id.* d'œillette; *id.* de pavot blanc; *id.* de moutarde blanche; *id.* de ricin ordinaire.

Graine de coton longue soie; *id.* de coton courte soie.

Huile de lin; *id.* de colza; *id.* de cameline; *id.* d'œillette; *id.* de ricin; *id.* de graines de coton longue soie; *id.* de graines de coton courte soie; *id.* d'olive pour horlogerie.

Caroubes de la Mitidja.

Tabac indigène en feuilles.

Cordier (A. et P.), à la Rassauta (prov. d'Alger).

Ferme d'El-Alia, 300 hectares, fondée en 1844. Emploi de douze familles. Culture maraîchère, 10 hectares; 2 norias, céréales, tabacs, etc.

Tabac, variétés indigènes, 1, 2, 3; lin.

Costerisan (Henri), à Sidi-Ali-Fleurus (prov. d'Oran).

Ferme de 660 hectares, fondée en 1853.

Graines de lin de Riga, d'asclépiade, de Kermès de Sicile; lin en tiges; lin teillé; fleurs de safran et de carthame.

Daudé (Achille), à Oran.

Coton Géorgie longue soie, égrené; cultures de Relizane et de Saint-Remy.

Daudrieu (Charles), à Arcole (prov. d'Oran).

Ferme de 200 hectares, fondée en 1838.

Toison de laine mérinos; toison de laine métis.

Decouflé (Louis-Gabriel), au Kroub (prov. de Constantine).

Garance.

Delbays (Manuel), à Alger et à Blidah (prov. d'Alger).

Manufacture de tabacs, fondée en 1852. Emploi de 57 ouvriers. Une machine servant à la fabrication du tabac en poudre.

Tabacs en feuilles de Java, de Virginie, Hadjoute, Arbi, Palatinat-Khrachena; tabac à fumer Virginie, Khrachena et Philippin; tabac à priser Philippin, à la rose, Biskra, Virginie; cigares Delbays, gros, Corse-Virginie, Maryland, Bayonnettes. Palatins; cigarettes Virginie, Havane, etc.

Desaitre (Mme), à Tlemcen (prov. d'Oran).

Coton non égrené, longue soie; racine de garance; graine de lin.

Dubourg (Pierre-Prosper), à Hippone-Bône (prov. de Constantine).

250 hectares mis en culture en 1844. Égrenage de coton; une locomobile de 8 chevaux, faisant marcher 5 égreneuses Mac-Carthy.
Coton courte soie, égrené au Mac-Carthy; coton longue soie, non égrené; coton longue soie, égrené au Mac-Carthy; coton courte soie, non égrené; Sorgho; Sésame; graine de lin de Sicile; lin de Riga.

Dufourc (Firmin), négociant à Alger.

Tannin de lentisque; toile imputrescible pour le tannin de lentisque; extrait concentré de tannin de lentisque.

Dufourg (Jean-Baptiste), à Biskra (pr. de Constantine).

Plantation de coton longue soie, 250 hectares dans la plaine El-Outaïa; 60 laboureurs, 300 journaliers, femmes et enfants arabes, employés à la cueillette; usine à égrenage; 5 machines Mac-Carthy à égrener; une turbine-fontaine.
Coton Géorgie, 1, 2, 4 ans, égrené; cotonniers de 2 et 4 ans.

Du Pré de Saint-Maur (Jules), propriétaire à Arbal (prov. d'Oran.

Industrie agricole; 2362 hectares; concession de 1846; emploi de 150 à 200 Européens. Culture annuelle de 500 à 600 hectares; 62 chevaux ou juments; race bovine indigène et bretonne; 1200 brebis métis, mérinos; four, forge, distillerie, charronnage, moulin à vent.
1 lainier; 2 toisons béliers mérinos; coton Géorgie longue soie, divers échantillons.

Dupuy (le docteur Jean-Marc), à Oran.

Deux propriétés à Therga et à Msila, ensemble 800 hectares.
Lin de Riga en paille de Msila; coton longue soie égrené de Therga.

Elhaeiar ben Aouda, de Oulad Mokhtar (prov. d'Alger).

Laines lavées, 80 kilog.

Estrugo (Jean), à Arzew (prov. d'Oran).

Coton longue soie non égrené.

Fagard (Auguste), à Boufarik (prov. d'Alger).

Tabac en feuilles; lin en tige; colza en pied; chanvre géant; graine de lin.

Ferat ben el Ameri, des Eulmas-Sétif (prov. de Constantine).

Laine brute.

Fleurieu (de) et **de Saint-Victor**, à Birkadem (prov. d'Alger).

Graine de Colza; paille de lin de Riga; graine de lin d'Italie.

Fleurus (commune de) (prov. d'Oran).

Échantillon de kermès.

Fleury (Alcide), à Hennaya-Tlemcen (prov. d'Oran).

Coton Georgie longue soie égrené; tabac de 1866 en feuilles; racines de Pyrèthre; racines de garance.

Foacier de Ruzé et **Samson**, au Bou Merzoug (prov. de Constantine). Maison d'habitation, fermes, écuries, étables, hangars, etc.

Cultures : lin, 60 hectares; céréales, 121 hect.; betterave-navette et colza, 33 hect.; luzerne, 120 hect.; fèves, 40 hect.; sorgho, 7 hect.; maïs, 20 hect.; cameline et œillette en essais.
Bétail: 800 têtes mérinos; 800 têtes métis mérinos; 500 têtes mérinos algériens; 2000 têtes

indigènes diverses; 350 agneaux; vigne, 1 hect.; chevaux, juments, taureaux, bœufs, animaux de basse-cour.
Laine mérinos; laine métis-mérinos; lin de Riga.

Fontaine (Vincent), à Petit (prov. de Constantine).

Coton; tabac; lin.

Foucard, à Relizane (prov. d'Oran).

Coton longue soie égrené.

Fouet (Mme Vve), à Saint-Charles (prov. de Constantine).

Ferme de 270 hectares, fondée en 1847.
Tabac mélangé, coupe fine; *idem* caporal; cigares Havane; tabacs Havane; Palatinat; tabacs Havane, Chebli, Philippin, Palatinat de 1866; cigarettes de dames, etc.

Garnier (Jules), à Duvivier (prov. de Constantine.

Coton courte soie non égrené.

Gaulard (Charles), au Kroub (prov. de Constantine).

Tabac en feuilles; coton longue soie égrené.

Gillet et Parron, teinturier à Lyon.
Soie teinte en noir au moyen du Henné.

Giuliani (Achille), à Oran.

Ferme de 310 hectares.
Graine de lin (1866).

Goby (Frédéric), à Berbessa-Koléah (prov. d'Alger).

Cultures importantes.
Ricin d'Amérique; *idem* du Japon; arachide 1865; coton longue soie (1864) égrené; *idem* 1865; tabac indigène 1866; tabac de l'Uruguay 1865; tabac Manille 1866; arachides du Brésil.

Griess-Traut, à Alger.

Égrenage du coton, machine à vapeur montée en 1863, de la force de 8 chevaux.
Coton longue soie et courte soie, égrené et non égrené; graines de coton; graines de lin.

Grima (François), à Philippeville (prov. de Constantine).

500 hectares en trois propriétés fondées en 1845 à Philippeville et à Saint-Charles : Emploi de 90 ouvriers; 120 bœufs de labour.
Sésame; arachides; coton nankin non égrené; coton longue soie non égrené; coton courte soie non égrené; tabacs en feuilles, Palatinat 1864, 1865, 1866; Chebli 1864, 1865, 1866.

Grima (Joseph), à Philippeville (prov. de Constantine).

Arachides.

Guieysse (Célestin), à l'Alma (prov. d'Alger).

Coton longue soie égrené; tabac à fumer.

Guyonnet (Jean-Marie), à Assi bou Nif (prov. d'Oran).

Coton Géorgie longue soie non égrené; *idem* égrené; graine de coton longue soie; lin en filasse; tabac en feuilles; graines de tabac; graines de lin de Sicile.

Hammo ben Ali, caïd de Abd En Nour (prov. de Constantine).

Laines en toisons.

Hammo ben Chouaou, des Eulmas-Sétif (prov. de Constantine).

Laine brute.

Hanon (Henri-Joseph), de Soumah-Boufarik (prov. d'Alger).

Tabac de Boufarik en feuilles.

Herzog et Cie, à Oran. — **Paschali** (Charles-Théod.), directeur.

Égrenage de coton; machines à vapeur de 15 chevaux; 14 machines à égrener.
Coton déchets, 3e qualité. Rendement : 7 à 8 0/0 égrené.
Coton Tleman, 1re qualité. Rendement : 19 à 20 0/0, égrené et non égrené.
Coton Roughirat et Hhill, 1re qualité : Rendement : 20 à 23 0/0, égrené et non égrené.
Coton Relizane, 1re qualité. Rendement : 18 à 20 0/0, non égrené.
Coton épuré d'Algérie, 1re qualité, filé chaîne et trame.
Coton des environs d'Oran, 1re qualité. Rendement : 20 à 22 0/0, égrené et non égrené.
Coton du littoral d'Arzew, 1re qualité. Rendement : 20 à 22 0/0, égrené et non égréné.
Coton du Chélif, 1re qualité. Rendement : 20 à 24 0/0, égrené et non égrené.
Coton, 2e qualité; triages à l'égrenage. Rendement : 12 à 15 0/0, égrené.
Coton du Sig, 1re qualité. Rendement : 22 à 25 0/0, égrené et non égrené.
(Voir à la classe 27 les produits manufacturés.)

Haouen (Émile), à El-Arrouch (prov. de Constantine).

Coton, courte soie non égrené.

Ismaël ben Ali, caïd de Hodna (prov. de Constantine).

Coton, longue soie égrené.

Jacques (Jean-Baptiste), à Relizane (prov. d'Oran).

100 hectares; machines diverses; extirpateur-égreneuse; batteuse, etc.
Lins de Riga et d'Italie; petit chanvre du Nord; coton Louisiane égrené; *id.* non égrené; coton Géorgie longue soie égrené; *id.* non égrené.

Jammes (Gilles) à Biskra (prov. de Constantine).

Coton, longue soie.

Jardin d'acclimatation d'Alger, directeur Hardy (Auguste).

Graines diverses : de lin, de pavot, de madie du Chili, de moutarde blanche du Chili, de navette, de radis oleifère, de cameline, d'arachides, de pistache de terre, de sesame, de ricin (10 variétés); d'helianto (4 variétés); de chanvre (2 variétés); de pignon d'Inde, etc.
Graines économiques : de coriandre, de fenu-grec, d'ambrette, d'anis, etc.
Tiges et fibres textiles. China-grass (4 variétés); chanvre (2 variétés); mauve (2 variétés); lin (3 variétés); agave (4 variétés). Palmier-chanvre, dragonures de l'Inde, bananver de Paradis, des Sages, des Troglodytes, gracieux, géant, d'Abyssinie, Latanver.
Coton 19 variétés : géorgie, longue soie, extra-fin, long island, jumel, long steaple, dean-texas; — mississipi, du petit golfe, nouvelle orléans, nankin, siam, kiang, etc.
Cocons de vers à soie : du Ricin, de l'Ailanthe, du Sénégal, du mûrier du Japon; jaunes et blancs.
Produits tinctoriaux : indigo (4 variétés); cochenille (3 variétés); poudre de coulteria, pour teindre en noir; capsules des sapins de l'Inde et de Surinam, renfermant de la saponine.
Cannes à sucre : de Taïti, de Batavia, de Saint-Domingue, de l'Inde.

Kouider ben mimoun agha de Boghar (prov. d'Alger).

Diss et Alfa.

Lakhdar ben Abd Allah, d'El Khezara-Guelma (prov. de Constantine).

3 toisons de laine.

Lallemand (Casimir), à Aïn-Tedlès (prov. d'Oran).

Laines mérinos en suint; laines mérinos lavées.
Coton, longue soie non égrené, 1866.
Lin de Sicile en filasse, roui à la rosée.

Laperlier (Laurent), à Mustapha (prov. d'Alger).

Tabac en feuilles; chanvre géant de la Chine.

Laquière à Bône (prov. de Constantine).

Coton, courte soie égrené.

Laquille (Pierre-Philippe), à Bou-Sfer (prov. d'Oran).

Margata tinctoriale (*osyris alba*). Ciste-Landanisfère, employé par les arabes du Maroc, comme teinture de maroquin jaune, on en tire la substance résineuse et odoriférante appelée laudanum.

Larue, (prov. d'Oran).

Coton, longue soie, égrené et non égrené.

Leroy (Charles), à Kouba (prov. d'Alger).

Cotonnier en pied.

Lescure (Jules), à Oran.

Ferme de Relizane, fondée en 1859 et à Lhillil en 1861. Égrenage de coton à Oran, organisé en 1861; usine à égrenage complète; machine à vapeur.

1. Coton, terrain argilo siliceux, égrené au Mac-Carthy.
1 *bis*. — — au Roller-Gin.
1 *ter*. — capsules
2. Coton, terrain argilo calcaire
2 *bis*. — — égrené au Mac-Carthy.
2 *ter*. — — — au Roller-Gin.
3. Coton récolté dans un jardin.
3 *bis*. — — — égrené au Mac-Carthy.
3 *ter*. — — — — Roller-Gin.
4. Coton récolté dans un terrain argilo-salin.
4 *bis*. — — — — égrené au Mac-Carthy.
4 *ter*. — — — — — Roller-Gin.
4 *quater*. — — — — capsules.
5. Coton récolté dans un terrain d'alluvion légèrement salin, graine récente d'Amérique.
5 *bis*. — le même — égrené au Mac-Carthy.
5 *ter*. — le même — — Roller-Gin.
1 échantillon de graines de coton.

Lesueur (Alexandre), à Fleurus (prov. d'Oran).

Laines en suint; coton longue soie non égrené.

Leturc (Édouard-Pierre), entrepreneur général de la maison centrale de Lambese, demeurant à Marcouna (prov. de Constantine).

1 lainier; 8 toisons de laine; lin en tige et en filasse.

Lichteinsten (Rodolphe), à Hennaya-Tlemsen (prov. d'Oran).

Tabac virginie en manoques 150 fr. les 100 kilog.

Lloyd (Edward), fabricant de papier à Londres, 12. Salisbury Square, représentant: *Hinshelwood*, à Oran.

Alfas en tiges et en tresses; écorces de tan; fourrages.

Lutzow (baron de) à El Hadjar (prov. de Constantine).
Graine de lin 4e année; colza, lin en tige.

Magnanerie de Charleville, (prov. d'Alger).
Cocons milanais jaunes; japonais verts blancs.

Maguenot (Jean), à Millesimo (prov. de Constantine).
Tabac en feuilles.

M'ahmmed ben Salah des Beni Guecha-Guelma (prov. de Constantine).
Garance.

Malglaive (Esprit Victor, de). Propriétaire à Marengo (prov. d'Alger).
Exploitation agricole et usine à farine mue par l'eau, établie sur l'Oued-Merrad en 1857. Superficie totale 1000 hectares.
Laine métis mérinos toute faite, le 17 janvier 1867.

Marchand (Frédéric), à Millesimo (prov. de Constantine).
Tabac en feuilles.

Marin (Daniel Victor), directeur de l'École arabe-française au fort Napoléon (prov. d'Alger).
Premiers cocons et premières graines de cotons récoltés en Kabylie.

Marseille (Joseph) à El Massine (prov. de Constantine).
Garance sauvage du Djebel Ouache.

Martel (Auguste), à Pélissier (prov. d'Oran).
Coton longue soie égrené.

Martinez (Manuel), à Sidi-bel Abbès (prov. d'Oran).
Glane d'anis; graine de colza.

Martinot, à Boufarik (prov. d'Alger).
Colza.

Masquelier fils et Cie, à Saint-Denis du Sig (prov. d'Oran).
Propriété de 1000 hectares créée en 1853. Machine de 10 chevaux-vapeur; emploi de 300 ouvriers.
Coton longue soie en graines; *id.* égrené.
Coton courte soie en graines; *id.* égrené.
Graine de lin.

Mathieu (Antoine), à Duvivier (prov. de Constantine).
Coton courte soie non égrené.

Merle frères, fermiers de M. Frédéric Nicolas à Sidi Hameïda plaine de Bône (prov. de Constantine).
Graine de lin 1866; graine de lin d'Italie; lin en paille avec graines; lin en paille sans graines; coton courte soie non égrené, 1866.
Garance sauvage.

Mohammed ben Ahmed, caïd de Jemmapes (prov. de Constantine).
Miel et cire.

Mohammed ben Bachir, à Guelma (prov. de Constantine).
Diss brut.

Mohammed ben Belkhir, cheikh à Aïn Beïda (prov. de Constantine).

Miel de 1866.

Mohammed Rabia, à Tizi Ouzou (prov. d'Alger).

Miel, 13 kil.; cire, 2 kil.

Mohammed ben Ramdan, caïd de Roum el Souq (prov. de Constantine).

Tabac en feuilles.

Mohammed Seghir ben abd Errahman, hakem de Biskra (prov. de Constantine).

Racines de garance; henné en feuilles et en poudre; coton longue soie égrenée.

Mohammed ben Taïeb, caïd de Larba (prov. d'Alger).

Poil de chameau.

Montariol (Adolphe), à Medjez-Amar-Guelma (prov. de Constantine).

Ancienne ferme fondée par l'État en 1838 et aliénée depuis; 400 hectares en céréales, oliviers, vignes, etc.

Coton courte soie égrené; coton longue soie égrené.

Moul-el-Akba ben Taïeb, de Beni Meïda-Teniet El haad (prov. d'Alger).

Laines.

Mzita (tribu des), de Bordj ben Areridj (prov. de Constantine).

Alfa brut (*aouri*); diss brut (*idelès*).

Negroni (Mme de), à Oran.

Coton longue soie non égrené.

Nicolas (Frédéric), propriétaire à Guebar bou Aoûn, plaine de Bône (prov. de Constantine).

Culture linière commencée en 1864 : 75 hectares sont affectés chaque année à la culture du lin; machine à vapeur de la force de 7 chevaux faisant marcher 1 égreneuse, 4 tarares, 1 broyeuse, 1 teilleuse.

La ferme de Guebar bou Aoûn, mise en exploitation en 1852, comprend 6000 hectares dont 800 cultivés directement par le propriétaire, et 4000 exploités par fermage et métayage. Il s'y trouve 1200 hectares d'oliviers. On y emploie 30 agents européens et 50 arabes ou kabyles, 32 animaux de la race chevaline, 66 bœufs de trait, 100 bœufs à l'engrais, 2 taureaux, 4 vaches laitières, 300 têtes ovines.

Graine de lin; lin de Riga; coton longue soie non égrené; coton courte soie non égrené; colza flamand; cocons du Japon, éducation de 1864; soies filées; graines du Japon; laines mérinos; filées soufrées; filées gras.

Toisons en suint; toison brebis indigène mi-lavée avant la tonte de janvier 1867; toison bélier indigène mi-lavée avant la tonte de janvier 1867; toison d'agneau né en février 1866; toison brebis indigène en suint, tonte de 1866; toison de bélier indigène en suint, tonte de 1866.

Orphelinat de Bône (sœur Saint-Bernard, directrice (prov. de Constantine).

Graine de lin; coton courte soie égrenée; cocons blancs; graine de ricin, toison mérinos; tabac.

Pagès (Martin), à Millesimo (prov. de Constantine).

Tabac en feuilles.

Panier (Marius), à Relizane (prov. d'Oran).

Coton égrené et non égrené.

Paris (Jules), fondeur mécanicien, à Oran.

Crin végétal obtenu du palmier nain; 1 balle.

Pasquier (Auguste-Louis), à Bône (prov. de Constantine).

Coton longue soie obtenu sans irrigation dans les Beni Ourdjine.

Pastourel (Henri), à Sidi Brahim (prov. d'Oran).

Tabac chebli en feuilles.

Pépinière de Biskra (Béchu, directeur), (prov. de Constantine).

Graines d'acacia Adansoni; de Farnéziana; de Piganum harmala (oléagineuses); garance; lawsonia inermis (feuilles tinctoriales).

Pépinière de Médéah (prov. d'Alger).

Cameline; nigelle cultivée; brome de Schrader; fenu-grec; coriandre; anis vert, carthame de teinture; madie du Chili; pyrèthre du Caucase; pétales de fleurs de carthame; tabac en feuilles; lin de Riga.

Perès (Jean), négociant à Batna (prov. de Constantine).

Cordes.

Piednoir (François), à Milianah (prov. d'Alger).

Coton longue soie non égrené.

Platewoët, à Bône (prov. de Constantine).

Lin roui et teillé.

Pottier (Joseph-Édouard), à Alger.

Collection de 104 plantes médicinales.
2 toisons bélier mérinos.
1 lainier contenant des échantillons.
Coton géorgie longue soie.

Province de Constantine.

7 ballots de diss de diverses provenances.

Rabah ou Ahmed, de Beni Bou Messaoud-Bougie (prov. de Constantine).

Lin en bottes.

Rambert (l'abbé), curé d'Aïn Beïda (prov. de Constantine.)

Cocons de vers à soie.

Raveaud (Em. Louis Cés.). à Sidi bel Abbès (prov. d'Oran).

Établissement agricole de 264 hectares fondé en 1852.
Graine de lin.

Reboulleau (Docteur), à Constantine.

Extrait alcoolique de Garance.

Revillot (Louis-Jean-Joseph), à Batna (prov. de Constantine).

Ferme de 146 hectares sur la route de Lambèse fondée en 1852.
Miel.

Rey, brigadier forestier à Alger.

Lin en filasse.

Rheimboldt (H. et Ed.), négociants à Philippeville (prov. de Constantine).

Fabrique de tabacs et cigares fondée le 10 avril 1863.

Cigares régalia, londrès, panatellas, entr'actes, cigarettes de dames, tabac à fumer, Virginie, Chebli, Smyrne, tabac à priser Chebli, Virginie.

Richemont (comte de), à Baba-Ali (prov. d'Alger).

Lin d'Italie et de Riga en filasse, récolté à Baba-Ali en 1866, roui et teillé par M. Dupont, de Ronq (Nord).

Richerand (Marc), à Tizi-Ouzou (prov. d'Alger).

Fleurs de carthame; fleurs de pavots, 1866.

Rolland (Julien), à Zurich (prov. d'Alger).

Lin de Riga en graines et en tiges.

Saïd ben Menia, caïd de Beni-Afer (Djidjeli), (prov. de Constantine.

Lin en filasse; tabac en feuilles.

Salah ben Dahmani, cheikh de Hanencha (prov. de Constantine).

Laine blanche lavée.

Salah ben Sedira, caïd de la plaine Djidjelli (prov. de Constantine).

Diss; chardon à foulon.

Santerre (Alfred), à Coleah (prov. d'Alger).

Arachides.

Schneider (Charles-Frédéric), à Oran.

Coton longue soie égrené; *idem* non égrené.

Cocons du Japon.

Schwarz (Charles), à Aïn-Tebinet-Sétif (prov. de Constantine).

Exploitation agricole de 150 hectares.

Laine en toison.

Sedoun (Aaron), à Biskra (prov. de Constantine).

Laine teinte.

Sibert (Auguste), à Ain-Tedlès (prov. d'Oran)

Exploitation agricole de 600 hectares, partie à Aïn-Tedlès créée en 1850, partie à Relizane, en 1860; emploi de 10 Européens et de 30 indigènes; 20 attelages; 300 bêtes à cornes; 200 moutons; 40 hectares cultivés en coton.

Lin; 1 glane; graine de lin; coton longue soie non égrené.

Simounet (Pierre), à Hussein-Dey (prov. d'Alger).

Cochenille, importation de 1831.

Smala du 3e spahis, au Tarf (prov. de Constantine).

Tabac 20 manoques; coton longue et courte soie, égrené.

Smalas (les) du 3e spahis (prov. de Constantine).

Les *Smalas* sont des détachements de spahis ou de Tirailleurs indigènes chargés de la garde des frontières. Il en existe quatre dans la province de Constantine: au Tarf; à Bou-Hadjar, à Aïn-Abessa et à El-Meridj. Chaque Smala a environ 2000 hectares pour ses cultures On y récolte le blé, l'orge, le coton, le maïs, le lin et le tabac. Les cultures industrielles sont faites sous la direction des officiers-commandants des Smalas, et la surveillance de quatre soldats agriculteurs choisis dans chaque Smala.

Tabac; coton; ricin.

Sous-Préfecture de Philippeville (prov. de Constantine).
Alfa brut de l'arrondissement.

Tahar ben hadj ali bou Maïza, caïd de l'Edough (prov. de Constantine).
Coton longue soie non égrené.

Thaïeb ben Zerguin, caïd du Nador-Guelma (prov. de Constantine).
Coton courte soie non égrené.

Tracqui (Jean-Baptiste, à El Arrouch (prov. de Constantine).
Cire jaune à 2 fr. 50 le kilo; toiles, laine blanche.

Trappistes de Staouëli (prov. d'Alger).
Miel, 1865-1866.

Trémaux et Avargues, à Arzew (prov. d'Oran).
Coton longue soie non égrené.

Treuil (Antoine), à Dra-el-Mizan (prov. d'Alger).
Cire en pain.

Tricqueville (Émile de). à Aïn-el-Arba (prov. d'Oran).
Ferme de 260 hectares fondée en 1861.
Miel et Cire.

Union agricole d'Afrique, à Saint-Denis-du-Sig (prov. d'Oran).
Exploitation agricole de 1792 hectares; société par actions; fondation de 1846; conseil d'administration à Paris, rue des Saints-Pères, n° 13; moulin à farine à 3 tournants, moissonneuse; batteuse; 90 chevaux; 260 bœufs; 1600 moutons.
Laines mérinos; tabacs; cocons.
Coton géorgie longue soie égrené et non égrené.
Racines de garance.

Valladeau (Pierre), à Boufarik (prov. d'Alger).
Cocons japonais blancs; cocons milanais; japonais soufrés; japonais en buisson.
Coton longue soie non égrené; courte soie non égrené.
Colza; tabac chebli en feuilles; lin en tiges.
Graine de ricin.

Vallier (Jules), négociant en cotons et propriétaire au lac Halloula (prov. d'Alger).
Usine à vapeur pour égrenage, construite à l'Agha, en 1860; force, 4 chevaux.
Coton longue soie de Koléah égrené et non égrené; *idem* de Matifoux, de Castiglione, de Boufarik, de la Chiffa, d'El-Afroum, de Birkadem, des Isser, de Bou-Roumi, égrené, 1866; *idem* du lac Halloula égrené, 1865; *idem* de l'Agha égrené 1864; *idem* des Issers non égrené; graine de coton longue et courte soie; coton courte soie égrené.

Vendoit (Xavier), à Ponteba (prov. d'Alger).
Tabac en feuilles.

Ventre (Pascal), à Coléah (prov. d'Alger).
Crin végétal écru et teint en noir.

Viau (Charles), à Dellys (prov. d'Alger).
Cocons variés.

Viguier (Paul), propriétaire à Bou-far-Guelma (prov. de Constantine).
Exploitation agricole de 1500 hectares, fondée en 1848; emploi de 16 Européens; 7 che-

vaux; 24 bœufs de labour; 150 bœufs ou vaches; 600 moutons mérinos; olivettes : huilerie.

Laines mérinos; 2 toisons.

Villas (Jules-César), à la Chiffa (prov. d'Alger).

Coton longue soie; capsules; *idem* égrené et non égrené.

Vincens de Gourgas (Auguste), et **Mme de Lambert,** à Philippeville (prov. de Constantine).

Industrie agricole; 160 hectares dans la vallée du Zéramna, création de 1846.
Tabac chebli en feuilles.

Vincent, à El-Hadjar-Bône (prov. de Constantine).

Colza.

Viret (Joseph), à Dellys (prov. d'Alger).

Coton longue soie égrené et non égrené.

Vuillemin (Amable-Clovis), à El-Arrouch (prov. de Constantine).

Coton courte soie égrené.

Wallet (Alexandre), propriétaire à Philippeville (prov. de Constantine).

Exploitation agricole de 152 hectares dans la vallée du Zéramna, créée en 1847.
Tabac chebli en feuilles.

CLASSE 44.

EAUX MINÉRALES ET THERMALES.

§ 1er.

L'Algérie possède de très-nombreuses sources minérales et thermales qui, sous le triple rapport de l'abondance, de la diversité et des propriétés thérapeutiques des eaux, ne le cèdent en rien à aucune de celles qui font aujourd'hui la prospérité de plusieurs contrées de l'Europe.

A l'endroit où sourdent la plupart de ces eaux, on remarque des ruines considérables, des bassins, des piscines encore debout, témoignages de l'usage qu'en ont fait les Romains.

Les Arabes ont de tout temps visité ces sources; ils y viennent encore de nos jours, et leur empressement à en faire usage montre assez qu'elles n'ont rien perdu de leurs propriétés curatives.

PROVINCE D'ALGER.

Les sources connues dans cette province sont au nombre de 46. Elles se divisent en quatre groupes : eaux thermales simples, eaux sulfureuses, eaux minérales ferrugineuses et eaux salines. On ne peut citer que les principales et celles dont l'avenir paraît le mieux assuré.

Les sources d'*Hammam-Righa*, près Milianah; elles alimentent deux établissements, l'un pour les militaires, l'autre pour les indigènes. Des aménagements viennent aussi d'y être préparés pour les Européens par le locataire d'une partie de la source. La température est de 45°, leur action est tonique, stimulante et énergique; elles produisent d'excellents effets sur les rhumatismes articulaires, les douleurs nerveuses et les blessures.

Les sources d'Hammam Melouan, à 34 kil. d'Alger, dans la vallée de l'Harrach. Elles sont très-fréquentées par les indigènes près desquels elles sont en grande réputation. La température moyenne de ces sources et de 39 à 44°; elles sont ferrugineuses et salines. L'analyse qui en a été faite par le conseil de santé des armées les a placées sur la même ligne que celles de Bourbonne, avec cette différence qu'elles agissent plus activement, la quantité de chlorure de sodium qu'elles contiennent étant plus grande. Elles ne sont pas affermées.

PROVINCE D'ORAN.

On connait vingt sources thermales ou minérales dans la province d'Oran. Les plus importantes sont:

Les *bains de la Reine* (hammam Sidi Dedeyob), à 3 kil. d'Oran, sur le bord de la mer, au milieu d'un site pittoresque. La température des eaux est de 52°, leur composition chimique indique qu'elles se rapprochent beaucoup de celles de Bourbonne et de Balarue.

Il existe aux bains de la Reine un établissement particulier très-suivi par le Européens. Les hôpitaux civil et militaire d'Oran y envoient leurs malades;

Source d'Hammam bou Hadjar. Elle est située sur la route d'Oran à Tlemcen au milieu d'un site magnifique, et parait réservée à un bel avenir. Les eaux sont alcalines, elles ont quelque analogie avec celles de Vichy. Leur température est de 57°. Elles sont en grande réputation chez les indigènes et ne sont pas affermées;

Sources d'Hammam bou Hanéfia, sur la route de Sidi-bel-Abbès à Mascara, au milieu des riches plaines de l'Eghris et de l'Habra. Les eaux ont 66° degrés; elles peuvent être classées dans la catégorie des eaux thermales alcalines. Ses propriétés médicales sont celles de Luxeuil et de Bourbonne. Il existe un établissement construit par l'État, il est fréquenté par les habitants de Mascara et les indigènes, qui attribuent aux eaux des propriétés très-actives contre la stérilité.

PROVINCE DE CONSTANTINE.

La province de Constantine possède 41 sources pour la plupart très-visitées par les indigènes. Les plus importantes sont celles dont les noms suivent:

Les sources d'Hammam Meskoutine sont situées à 10 kil. O. de Guelma, au milieu d'un admirable paysage. Elles sont très-nombreuses et débitent un volume d'eau énorme qui forme à elle seule une petite rivière se jetant dans la Seybouse. Leur température varie entre 70 et 94°. Elles sont sulfureuses, alcalines, acidulées, salines et arsenitées, très-efficaces dans le cas de douleurs articulaires, rétraction de muscles, fausses ankiloses, rhumatismes, hydropisies, blessures, ulcères, caries, affections cutanées, chroniques, etc. Leur composition chimique les rapproche de celles de Plombières, Bagnères-de-Bigorre et Balarue. La présence de ruines très-considérables atteste que les Romains avaient là des établissements importants.

On a construit à Hammam Meskoutine un établissement militaire qui reçoit un grand nombre de malades. Il y existe aussi un établissement civil que fréquentent beaucoup d'Européens et d'indigènes. Ces deux établissements sont concédés à M. le docteur Moreau de Bône. Les bains d'Hammam Meskoutine déjà connus en rope sont certainement appelés à un très-grand développement ;

Sources d'Hammam-Meta-el-Biban. Elles sont situées dans le cercle de Bordj-bou-Arreridj. Très-sulfureuses, avec une température de 70 à 76°, elles renferment 22 centig. de sulfure de sodium par litre. Elles sont recherchées contre les maladies de la peau, les scrofules et les rhumatismes. Le caïd de la Medjana y a fait construire un petit établissement qu'il met à la disposition des indigènes. Un projet de création d'une grande piscine pour les Européens est à l'étude.

Sources d'Aïn Mkebritga, à 50 kil. S. E. de Constantine. Les eaux sont très-chargées de principes sulfureux et de chlorure de sodium, leur température est de 16°, celle de l'air étant de 24°; elles se rapprochent de la nature des eaux d'Enghien, et peuvent être efficacement employées contre les maladies des poumons et des voies digestives. Par la grande stabilité de leurs principes actifs, elles sont susceptibles d'être transportées, sans s'altérer, à de grandes distances. Il n'y a pas d'établissement.

En dehors des trois sources dont la description précède, il en existe dans la province de Constantine quatre autres qui semblent appeler la création d'établissements. Ce sont les suivantes :

Hammam Ouled Zeïd, sur la route de Souk-Arras à Bou-Hadjar. Eaux très-sulfureuses et très-salines, température 49°. On y a construit une maison et deux bassins.

Hammam Ouled Messaoud, entre les Beni Salah et Bou-Hadjar. Eaux très-sulfureuses, température de 45 à 47° ;

Hammam N'Bail nador, près de la route de Guelma à Souk-Arras. Eaux très-salines, à la température de 42 à 45°;

Hammam Sidi Trad, près de la frontière de Tunis. Eaux très-sulfureuses, très-suivies par les Arabes qui y prennent des douches naturelles. Environs très-pittoresques.

§ 2. *Matières principales de la pharmacie.*

On trouve en Algérie un très-grand nombre de plantes médicinales. Un herbier envoyé par M. Lallemand, pharmacien à Alger, pourra donner une idée de leur nature et de leur variété.

Parmi ces plantes la plus importante est le pavot à opium (*papaver somniferum*, L.), pour la culture duquel le climat de l'Algérie est éminemment favorable. Il a été constaté en effet, d'après le témoignage des savants, que l'opium recueilli dans notre colonie possède toutes les qualités des meilleures espèces de l'Inde et de Smyrne.

On a entrepris depuis quelque temps l'acclimatation en Algérie du quinquina (*cinchona calisaya*). Des plantes et des graines ont été demandées, dans ce but, au gouverneur de Java, qui a mis le plus grand empressement à les expédier. On espère la réussite de cette expérience qui a été confiée à M. Hardy, directeur du Jardin d'acclimatation d'Alger.

EXPOSANTS.

Ali Bey, caïd de Tuggurth (prov. de Constantine).

Racines de réglisse.

Benoit-Desgaches, à Constantine.

Bougies stéariques; savons.

Ben Yahia, agha de Tittery (prov. d'Alger).

Goudron de thuya; goudron de genévrier.

Berthier (François-Paul), à la Rassanta (prov. d'Alger).

Pavots.

Bouchard (Claude), coiffeur à Oran.

Teinture africaine pour la barbe et les cheveux.

Champ (Pierre-Laurent), pharmacien à Blidah (prov. d'Alger).

Huile de ricin d'Amérique; huile de ricin sauvage.

Cordier (L. et P.), à la Rassanta (prov. d'Alger).

3 pieds d'eucalyptus globulus.

Desaitre (Mme), à Tlemcen (prov. d'Oran).

Réglisse; fleurs de tilleul.

Dufourc (Firmin), à Alger).

Eaux minérales du frais Vallon; source Sainte-Henriette alcaline ferrugineuse, et gazeuse; source Sainte-Marie.

Frémont (Auguste), à l'Agha (prov. d'Alger.

Capillaire d'Afrique; écorces-zestes de citron; curaçao vert zesté; scilles (squames sèches), orcanette (racines); feuilles d'oranger bigarade; graine de lin; verveine odorante; centaurée; fleurs de 1866; graines de ricin.

Général commandant la province de Constantine.

Eaux jaillissantes rencontrées aux sondages de Messes et Souat (Hodna, cercle de Bous-saada).

Isnardi (Jacques), pharmacien à Alger.

Eau algérienne pour injections.

Jacques (J. B.), à Relizane (prov. d'Oran).

Pavots.

Jammes (Gilles), à Biskra (prov. de Constantine).

Sel minéral.

Lallemant (Charles), pharmacien à Alger.

Capillaire polytric, 60 à 70 fr. les 100 kilogr.; coloquinte; maurelle du tournesol; scolopendre; petite centaurée, 6 fr. les 100 kilogr.; feuilles d'absinthe, 40 fr. les 100 kilogr.; corralina; aceras; écorces de garou, 90 fr. les 100 kilogr.; racines de thapsia; chiendent; scille, 60 fr. les 100 kilogr.; passerine; sanguinaire (thé arabe); jusquiame noire, 60 fr. les 100 kilogr.; capillaire commun, 70 fr. les 100 kilogr.; racines de fragon, 40 fr. les 100 kilogr.; El-chih (absinte blanche); marruba vulgaire, 40 fr. les 100 kilogr.; racines d'asperges; capillaire de Montpellier, 80 fr. les 100 kilogr.; fleurs d'orangers : fraîches, 40 fr. les 100 kilogr., sèches, 130 fr. les 100 kilogr.; fleurs de mauve, 140 fr. les 100 kilogr.; bourache, fleurs, 140 fr. les 100 kilogr.; pavots; baies de laurier; ptichotes verticillata; écorces de grenade; ergots de Diss, 200 fr. les 100 kilogr.; huile de foie de squale; herbier médicinal en 3 fascicules; pariétaire, 60 fr. les 100 kilogr. Étude sur l'ergot diss, 1 brochure. Erpétologie de l'Algérie (reptiles, etc.), 1 brochure.

Leroy (Charles-François), à Kouba (prov. d'Alger).

Une branche de jujubier cultivé.

Mallinaud (François), à Alger.

Cirage, par boîtes de 125, 250 et 500 grammes.
Tripoli liquide.

Miane (Philippe-Michel), à Oran,

Sel blanc grainé 1866, cristallisation d'avril à juillet.
Sel fin 1866, cristallisation de 4 à 12 jours.
Sel gris de couches vierges, cristallisation d'époque inconnue.

Mohammed (Si), caïd de Oulad Kebbab (prov. de Constantine).

Sel gemme de Oulad Kebbab et de Oulad Bou-Hallouf. Exploitation traditionnelle dans la tribu.

Mohammed ben abd allah Gaba, caïd à Tebessa (prov. de Constantine).

Sel du Chott Hamza (lac salé).

Moreau (le docteur Louis-Eugène), concessionnaire de l'établissement thermal d'Hammam Meskoutine, arrondissement de Guelma (prov. de Constantine).

Les eaux d'Hammam Meskoutine étaient déjà fréquentées dans l'antiquité. En 1844, on y établit un hôpital thermal militaire. L'établissement particulier pour les baigneurs civils, objet d'une concession faite en 1863, comprend un pavillon à six chambres, deux chalets à quatre chambres chacun, et une salle commune à dix lits.
Eau saline (sulfurée arsenicale).
Eau chlorurée ferrugineuse arsenicale.
Eau ferrugineuse.
Pisolithes dites dragées de Tivoli et couscous rejetées par les sources.
Photographies et vues des sources de la cascade, des cônes de la légende, vue panoramique, vue du pont et du rocher de l'Éléphant, vue de l'établissement civil, brochure intitulée : Eaux thermales d'Hammam-Meskoutine.

Moreau (Prosper), à Chellala Pacha (prov. de Constantine).

Feuilles et fleurs de tilleul.

Pellet (Jules), pharmacien à Philippeville (prov. de Constantine).

Racines de thapsia garganica.

Pépinière de Biskra (prov. de Constantine), Bechu, jardinier en chef.

Savon végétal (sapindus Indica); acacia Farneziana; acacia cavenia; fleurs et essences odoriférantes.

Perrot de Chamarel, à Boghar (prov. d'Alger).

Exploitation d'une forêt de pins d'Alep, de 11 293 hectares; distillation et fabrication de produits résineux; établissement fondé en 1859; emploi de 80 ouvriers; alambics, chaudières; pompes; four à goudron, etc.

Essence de térébinthe; essence de térébenthine de Venise; colophane; brai clair; brai noir; goudron; brai gras; gemme brute; gallipot.

Raveaud (Émile-Louis-César), à Sidi Bel Abbès (prov. d'Oran).
Moutarde blanche.

Reboulleau (le docteur Math.-Fr.-Eug.), médecin des établissements civils de Constantine.
Résine de thapsia garganica (Bounafa des Arabes); thapsia vétérinaire; notice sur ce produit.

Richerand (Marc), à Tiziouzou (prov. d'Alger).
Huile de pavot somnifère 1866; huile de carthame 1866; opium 1866.

Roubieu (Aug.), à Alger.
Savon jaune résineux.

Schneider (Charles), à Misserghin (prov. d'Oran).
Fèves de ricin; bois de réglisse 1865 et 1866.

Senac, à Laghouat (prov. d'Alger).
Noix de galle, triées; idem mondées.

Service des Mines de la province d'Alger.
Eaux thermales sulfureuses, source à température 41°; 0l 50°, par seconde; eau thermale sulfureuse, source à température 33°, 0l 50° par seconde.

Service des Mines de la province d'Oran.
Eaux thermales minérales d'Hammam bou Hanifa; d'Aïn El Hammam; d'Hammam Sidi Abdelli; d'Hammam Rara.

Sicard (Jean) fils et Comp., à Alger.
Usine à vapeur, 15 chevaux, fondée en 1866, pour la fabrication du savon;
Savon pur à l'huile d'olive, 100 fr. les 100 kilogr.; savon jaune à 72 fr. les 100 kilogr.

Valladeau (Pierre), à Boufarik (prov. d'Alger).
Capsules de pavots.

Ville (Ludovic), ingénieur en chef des mines de la province d'Alger.
Eaux minérales de la province.

CLASSE 46.

CUIRS ET PEAUX.

Il s'est formé en Algérie, spécialement dans les grands centres de population, des tanneries appartenant à des industriels européens où l'on prépare toutes sortes de peaux et particulièrement des cuirs de bœuf, de veau et de mouton. On fabrique notamment des cuirs pour semelles, des croupons légers pour chaussure, des tiges de bottes de cavaliers, des veaux cirés pour chaussures fines, des veaux blancs pour chaussures fortes, des basanes et des cuirs à lanières pour les bourrelleries.

Généralement on se sert dans les tanneries européennes de tan de chêne, particulièrement de liége et de lentisque.

Chez les indigènes, l'industrie du tanneur n'est pas poussée très-loin, les procédés les plus simples et les plus élémentaires sont mis en usage. On a décrit plus haut (classe 43, matières tannantes) en quoi ils consistent.

Dans presque toutes les tribus, on prépare avec du goudron les peaux de bouc, outres destinées à recevoir l'eau nécessaire aux besoins de la tente, soit au repos, soit en voyage. Quant aux peaux où doivent être déposés les vivres et les vêtements, elles sont seulement desséchées et assouplies.

Les tanneries indigènes se trouvent dans les principales villes, à Alger, à Constantine, à Tlemcen surtout. Constantine en possède trente-huit à elle seule, et les cuirs qui en sortent jouissent d'une certaine réputation. La cordonnerie de Constantine n'a pas une moins bonne rénommée. On compte au moins mille ouvriers pour cette spécialité, et tous sont largement occupés. Un bon ouvrier peut confectionner quatre paires de souliers d'homme par jour, à raison de 0 50 centimes par paire.

Ces souliers ont la semelle en cuir de bœuf, l'empeigne est en chèvre, ainsi que les garnitures intérieures.

On fabrique également des chaussures de femmes dont l'empeigne est en mouton doublée de la même peau, et qui coûtent de 1 fr. 50 à 2 fr. la paire. Il s'en fait un grand commerce pour la ville et pour l'extérieur.

Les ouvriers indigènes emploient aussi les peaux de chèvre et de mouton de couleurs diverses pour la sellerie, caparaçons de selles, brides, porte-pistolet, etc., et pour la confection d'une sorte de bottes molles des cavaliers.

On fabrique encore avec les peaux de mouton ou de chèvre teintes en différentes nuances, des fourreaux de couteaux, des sacs de voyage, des porte-monnaie, des porte-pistolet, etc.

Ce qui vient d'être dit pour Constantine peut également s'appliquer aux deux autres villes d'Alger et de Tlemcen, où la fabrication n'est pas moins importante et n'y jouit pas d'une moins bonne réputation.

Le nombre des cuirs de toute nature entrant chaque année dans la fabrication est considérable. On l'évalue pour Constantine seulement à 20000 peaux de bœufs, 6000 peaux de veaux, 80000 peaux de moutons et 100000 peaux de chèvres. Les prix de ces cuirs suivent les cours des marchés de France; il n'y a donc pas lieu de les mentionner ici.

Les principaux négociants en cuirs sont :

Dans la province d'Oran : MM. Mauxion, Moulle (Ferdinand), à Oran; — Abdelkader ben Kola, ben Amara, El Ayachi ben Bekeur, Hamed ben Abdallah, Hadj Hamed Ould Ali, Mohamed ben Thaleb, à Mostaganem; — Roubion (Victor), Mohamed Ould Sidi Amar, Abdallah Abouchi, Belkassem Boukarouba, Hadj Mohamed Bel Arbi, à Tlemcen.

Dans la province d'Alger :

A Alger : Charvet, Corvesi, Derme frères, Febvre, Fruchon, Ménar, Ahmed bel Kassem.

A Blidah : Darque, Faucher, Gadau.

Dans la province de Constantine :

A Constantine : Astouin, Brun, Gerin, Rivière et la corporation des tanneurs indigènes représentée par son amine.

A Bône : veuve Mallet, Crinquant (Nicolas).

EXPOSANTS.

Abram (Rév. Père), directeur de l'Orphelinat de Misserghin (prov. d'Oran).

Cuir croupon; cuir fort; cuir veau noir; cuir veau ciré; 1 peau de chèvre; 1 basane 1 paire de tiges de bottes.

Ahmed ben Fekran, de Zemoura-Bord bou Areridj (prov. de Constantine).

Peau façon maroquin.

Brun (Frédéric), Constantine.

Veau en croûte; vache lissée pour premières semelles; tiges de bottes en veau; paire de remontage en veau; botillons pour cavalerie; veau prêt à cirer; veau ciré; peau de chèvre noire, grains du Levant; peau de mouton au sumac; peau de mouton dite tête de veau; peau de mouton tannée à l'écorce; peau de chacal pour fourreurs.

Corporation des tanneurs indigènes de Constantine.

Cuir de vache à doubler les semelles, 20 fr.; cuir de bœuf pour semelles, 45 fr.; 12 peaux de chèvres de couleur pour confection de chaussures; rouge, 12 fr.; jaune, 9 fr.; violette, 8 fr.

Mohammed saïd (Hadj) **naït el hadj**, à Tizi Ouzon (prov. d'Alger).

4 peaux de chèvres : une rouge, deux noires, une fauve.

Mohammed Seghir ould Zenagui, à Tlemcen (prov. d'Oran).

2 peaux de chèvres jaunes; 2 *idem* oranges; 3 peaux de moutons, blanches; 1 peau de mouton rouge.

Mustapha ben Bou Debab, khalifat du caïd de Tuggurth (prov. de Constantine).

4 peaux tannées, genre Filali.

SIXIÈME GROUPE.

CLASSE 47.

MATÉRIEL ET PROCÉDÉS DE L'EXPLOITATION DES MINES ET DE LA MÉTALLURGIE.

EXPOSANTS.

Degousée et **Laurent**, ingénieurs civils à Paris.

Appareil de sondage pour le forage des puits artésiens dans le Sahra algérien.

Général commandant la province de Constantine.

Modèles réduits au 1/10 du matériel employé dans les sondages du Sahra oriental de la province de Constantine, dirigés par M. Jus, ingénieur, et M. Zickel, capitaine d'artillerie. Modèle de chèvre pour les forages avec ses accessoires.

Saury, maître sondeur de la province d'Alger

Trépan à échantillons.

Vatonne, ingénieur des mines à Alger.

Trépan élargisseur et à échantillons.
Arrache-tuyaux.

Ville (Ludovic), ingénieur en chef des mines à Alger.

Divers outils de sondage.

CLASSE 48.

MATÉRIEL ET PROCÉDÉS DES EXPLOITATIONS RURALES ET FORESTIÈRE .

Le matériel agricole des colons comprend tous les instruments aratoires dont on se sert dans les différentes parties de la France et à l'étranger. Chacun, en effet, apporte et emploie les appareils en usage dans la contrée qu'il a quittée pour venir en Algérie.

La charrue catalane, qui a beaucoup d'analogie avec celle des Arabes, domine chez les cultivateurs espagnols, qui, on le sait, sont nombreux en Algérie, surtout dans la province d'Oran.

Les propriétaires de fermes un peu importantes disposent, en général, d'instruments perfectionnés et de charrues des meilleurs modèles qu'ils font venir de France ou qui se fabriquent dans la colonie même. On trouve aussi dans les grandes exploitations, des herses et des rouleaux de toutes formes.

La moisson se fait au moyen de la faucille, de la faux, ou de la moissonneuse. Indépendamment de cette machine, les propriétaires aisés possèdent des batteuses, des ventilateurs, des tarares, des pressoirs mécaniques pour le vin, des rouleaux en pierre pour le dépiquage des grains, etc.

Les voitures employées pour l'agriculture sont la charrette, le tombereau, le chariot.

Les instruments aratoires dont se servent les indigènes sont peu nombreux et tout primitifs de forme.

La charrue arabe est sans avant-train, elle se compose uniquement d'une flèche, ou âge, adaptée à un autre madrier appelé manche dont une extrémité est dans la main du laboureur, l'autre porte un soc en fer sans versoir, oreille ni coutre. Souvent aussi le soc n'existe pas et c'est le bois seul qui ouvre la terre. Les indigènes, il est vrai, ne labourent que très-superficiellement; s'ils rencontrent une grosse pierre ou une touffe de broussailles, ils la contournent et ne l'arrachent pas. La récolte enlevée, les animaux de la tente se nourrissent des herbes abandonnées sur le sol, ainsi que du chaume qui est laissé très-long, les moissonneurs n'enlevant que peu de paille avec l'épi.

Les animaux employés au labourage tirent au moyen d'un joug qui, si ce sont des chevaux, est assujetti sur leur garrot, et s'il s'agit de bœufs, est placé sur leur front et attaché à leurs cornes.

Les Arabes n'ont pas de voiture pour transporter leurs produits agricoles ou les engrais dont ils ne font pas d'ailleurs usage.

La moisson se fait avec une faucille courte qui, parfois, est également employée pour tondre les moutons. Les autres instruments, au nombre de deux ou trois, sont sans importance.

Les céréales sont égrenées sous les pieds des chevaux et conservées dans des silos creusés dans le sol à quelques mètres de profondeur.

Il convient de faire remarquer toutefois que chaque année cet état de choses se modifie, la charrue française s'introduit peu à peu dans les tribus; pour la moisson, la faux remplace la faucille qui, dans beaucoup de localités, a déjà fait place aux cisailles pour la toute des bêtes à laine.

EXPOSANTS.

Ahmed ben el Medjedoub, de Oulad Khelef-Setif (prov. de Constantine).

Hachette, pioche, faucille, soc de charrue.

Aldiguier (Pierre), à Boufarik (prov. d'Alger).

Trois charrues.

Hadj ben Khitter, caïd des Harraouat (prov. d'Alger).

Fer de pioche.

Hadj Kodja ben Yahia (prov. d'Alger).

Fer de bêche.

Hinshelwood, à Oran, et à Londres, maison Edward Lloyd, 12, Salisbury square.

Fourrage comprimé.

Renaud (Martin), à Héliopolis (prov. de Constantine).

Boîtard à huile pouvant s'appliquer à tous les arbres verticaux et spécialement à ceux de la grande vitesse.

Valat (Jean), à Alger.

Modèle de batteuse au fléau; balle de guerre dite : balle-file.

CLASSE 49.

ENGINS ET INSTRUMENTS DE PÊCHE.

On a indiqué à la classe 42, produits de pêche et corail, quels sont les appareils dont on se sert en Algérie pour ces deux genres de pêche.

EXPOSANTS.

Aquilina (V.), à la Calle (prov. de Constantine).

Engin pour la pêche du corail.

Costa (Benoît), à Mers El Kebir (prov. d'Oran).

Filets pour la pêche du corail.

CLASSE 53.

MACHINES ET APPAREILS DE LA MÉCANIQUE GÉNÉRALE.

EXPOSANTS.

Billès (Étienne), à Oran.

Modèle de noria, machine à monter l'eau.

Leroux (C.), ingénieur civil, à Bouffarik (prov. d'Alger).

Dévide-fil, appareil de sauvetage pour les incendies, romaine-peson pour les filatures.

CLASSE 56.

MATÉRIEL ET PROCÉDÉS DE TISSAGE.

On trouvera plus haut, à la notice relative aux tissus de laine, classe 29 et 30, des renseignements sur le mode de fabrication de ces tissus.

Le travail du tissage est laissé aux femmes. On voit, mais rarement, des hommes et des enfants tisser des cordes.

Le métier dont se servent les femmes, soit pour fabriquer des burnous, des haïcks ou des *flidjs* de tente, est toujours très-simple. Pour ces flidjs, comme pour les *gra-ras*, le métier est horizontal, parce que la pièce est longue et que l'étoffe est lourde; pour le burnous, il est vertical. Il se compose de deux montants entre lesquels sont tendus parallèlement les deurxangs de fils qui s'entre-croisent et entre lesquels l'ouvrière passe alternativement une navette grossière sur laquelle est enroulé le fil. Un grossier crochet emmanché est employé pour serrer la trame chaque fois que le fil est passé. Les rangs de fils sont changés de position au moyen d'une pièce de bois que l'ouvrière passe entre eux, de manière à les mettre alternativement au-dessus et au-dessous.

Chaque ménage a son métier qui est employé au tissage des étoffes de tout genre.

EXPOSANTS.

Commandant supérieur de Boussaada (prov. de Constantine).

Métier indigène à tisser.

Salah ben Sdira, caïd de la plaine Djidjeli (prov. de Constantine).

Chardons à foulon.

Youssef ben el Medjedoub, des Oulad Khelef-Sétif (prov. de Constantine).

Peigne à tisser la laine (*khelala*).

CLASSE 62.

BOURRELLERIE ET SELLERIE.

La sellerie et le harnachement se fabriquent dans les principales villes de l'Algérie, à l'exception du corps de selle (*el adam*) qui se prépare dans certaines tribus dont elles sont la spécialité.

Le corps de selle se compose de deux arçons latéraux qui unisse un pommeau très-élevé (*guerbouz* ou *chouf*) à un trousquin encore plus haut formant dossier et qui prend le nom de *el guedaa*. Le tout est recouvert en peau de bœuf ou de chameau.

Lorsque le corps de selle est confectionné, il est livré au sellier qui le recouvre et y ajoute les accessoires. Il y adapte d'abord un large et épais tapis composé de 5 à 6 bandes de feutre de laine nommé *el terhaa* et qui se prépare dans le pays. Puis il revêt le corps de selle d'une chemise en marocain qui descend jusqu'au-dessous des arçons et dont l'ensemble se nomme *el settara;* le cuir est doublé à l'endroit où s'assied le cavalier.

Le corps de selle reçoit ensuite différents autres appendices qui portent des noms, et sont destinés à des usages de diverse nature et parmi lesquels il faut remarquer une large et forte lanière qui sert de poitrail, *el dir*, et les cordelettes en soie ou en fil qui servent d'étrivières pour suspendre les larges étriers en fer (*rekab*).

La bride comprend : la têtière, *el ador*, et les deux larges œillères qui recouvrent les yeux du cheval, comme celles qui existent aux harnais de nos chevaux de voiture. Aux deux extrémités de la têtière se fixent deux plaques en fer ou en argent qui sont les points d'attache du mors, *el fas*, auquel s'attachent les rênes, *el seraa*.

Les cuirs employés pour la sellerie indigène sont de deux qualités. Les plus belles sont fort souvent recouvertes de broderies en soie, en or ou en argent qui se font en plusieurs endroits, notamment à M'sila, dans la province de Constantine.

Une selle sans broderies, ordinaire, avec sa bride, se vend généralement 150 francs.

Une selle et une bride brodées très-simplement vont à 250 francs.

Une selle et une bride brodées et ornementées montent jusqu'à 450 francs.

Les selles en velours ou cuir, complétement brodées en or et en argent, Kerbsoun, s'élèvent jusqu'à 4 ou 5000 francs, mais on n'en fabrique plus guère en Algérie.

Les selliers confectionnent encore des bottes arabes (*mest et temak*), des *djebiras*, espèce de gibecière à plusieurs poches, que les cavaliers portent suspendues au pommeau de leur selle; des porte-pistolets, *el keboub;* des gibernes ou cartouchières, *palaska*, et des sortes de petites aumônières destinées à recevoir la monnaie, *kisa*. Tous ces articles sont généralement ornementés de broderies d'or, d'argent ou de soie. Les trois derniers se fabriquent aussi dans certaines tribus de la Kabylie. Les cuirs employés dans cette fabrication sont noirs et ornés de broderies obtenues au moyen de petites lamelles d'étain et de parchemin qui produisent un effet assez original.

Les principaux selliers sont :

Dans la province d'Oran :

A Tlemcen : MM. Retty ; Agrette (aîné) ; Malamor.

A Relizane : Stenol.

A Mostaganem : Vaugon ; Ben Aouda Kouskoussa ; Kaddour-Mustapha.

A Mascara : Siméon.

A Oran : Montels (Xavier) ; Delaunay (Joseph).

Dans la province d'Alger :

A Alger : Ismaël ben Mustapha-Khodja, Ahmed ben Ammo et Ostertag.

A Blidah : Gadan.

A Miliana : Roger.

Dans la province de Constantine :

A Constantine : la corporation des selliers indigènes représentée par son amine.

A Guelma : Amiel.

Philippeville : Blanchelin et Renaud.

EXPOSANTS.

Ahmed ben Kherbouche de M'sila (prov. de Constantine).

Djebira, 400 fr.; cartouchière, 400 fr.; paire de bottes, 100 fr.; ceinturon, 200 fr.

Ahmed ben Maza, des Ouled Dhan-Guelma (prov. de Constantine).

Arçon de selle (*ad'ham* ou *guerboussa*).

Allal ben Di Abdallah, de Tlemcen (prov. d'Oran).

Djebira en velours brodée d'argent.

Belkassem, à Djidjeli (prov. de Constantine).

Porte-pistolets.

Bou Diaf ben Salah, caïd d'Aïn-Beïda (prov. de Constantine).

Djellal (couverture de cheval).

Hadj ben Bou Amor, de M'sila (prov. de Constantine).

Cartouchière, 400 fr.; *djebira*, 400 fr.; paire de bottes (*tsemeg*), 100 fr.; ceinture pour cartouchière, 200 fr.

Hammou ou **Ammar**, des Beni-Abbès (prov. de Constantine).

Paire d'éperons, 25 fr.; paire d'étriers, 40 fr.

Khodja (Hadj) **ben Yahia**, caïd des Attafis-Cheragas (prov. d'Alger).

Paire d'éperons, mors de bride (*fass*).

Mohammed ben Saad, des Oulad-Toudjin (prov. de Constantine).

Fer de bridon (*reçen*).

Mohammed Seghir ben Gannah, caïd de Biskra (prov. de Constantine).

Éperons; étriers.

Mouley Houssin Ziani, à Tlemcen (prov. d'Oran).

2 cartouchières; 1 porte-pistolet.

Mzita (tribu des), Bordj bou Areridj (prov. de Constantine).

Un panier pour âne (*chouariet*), 1 fr. 50 c.

Sass (Laurent), sellier à Bône (prov. de Constantine).

Selle anglaise de course, en veau, 100 fr.

Youssef ben El Medjedoub, des Oulad-Khelef (prov. de Constantine).

Mors de bride et fer de bridon.

SEPTIÈME GROUPE.

CLASSE 67.

CÉRÉALES ET AUTRES PRODUITS FARINEUX ET COMESTIBLES.

§ 1er. BLÉS.

De tout temps les blés d'Afrique ont joui d'une grande réputation. On sait avec quelle faveur ils étaient reçus à Rome dans l'antiquité. Dans son *Histoire universelle*, Pline a constaté l'aptitude particulière de l'Afrique à produire des blés estimés. L'Algérie a précieusement conservé cette tradition qui n'a jamais été complétement interrompue, même aux plus mauvais jours de son histoire.

On cultive en Algérie plusieurs variétés de blé qui toutes y réussissent bien. Elles se divisent en deux grandes catégories qui diffèrent entre elles par leurs caractère physiques et chimiques, comme par leurs emplois : le blé dur et le blé tendre.

Blé dur. C'est le blé dont la culture est la plus répandue dans le pays; c'est aussi celui qui prospère le mieux dans son climat. Avant la conquête, les indigènes n'en produisaient pas d'autre. Il se distingue du blé tendre par la couleur brune et la compacité du grain qui est glacé, par le peu d'épaisseur de son enveloppe corticale et par la richesse des principes nutritifs qu'il renferme.

Le blé dur est recherché et préféré aux autres froments pour la préparation des pâtes alimentaires; il l'est également pour la panification. Son poids est généralement plus élevé que celui des blés tendres; il n'est pas rare d'en trouver qui pèsent 86 kilog. à l'hectolitre, la moyenne est de 79 à 80 kilog. La farine de blé dur n'est pas aussi blanche que celle du blé tendre, mais elle renferme une plus forte proportion de gluten et possède conséquemment plus de qualités nutritives; elle donne aussi un rendement plus considérable en pain (140 kilog. de pain pour 100 kilog. de farine).

Pendant quelque temps les blés durs d'Afrique ont été méconnus; les colons faisaient venir de Marseille les farines nécessaires à leur alimentation. En 1851, pour la première fois, l'administration militaire fit fabriquer le pain destiné aux soldats avce des farines extraites du blé dur. L'expérience eut un plein succès et l'exemple fut bientôt suivi par la boulangerie civile. Depuis lors, non-seulement l'industrie minotière de la colonie suffit à tous les besoins de sa consommation, mais encore elle exporte soit en France, soit à l'étranger, des quantités de farines qui, dans certaines années, se sont élevées jusqu'à 7 millions de kilogr., tandis que les expéditions de blé comprenaient 3 millions d'hectolitres.

La culture du blé dur dans les exploitations européennes n'offre rien de particulier, les procédés sont les mêmes que ceux employés dans la métropole. Il n'en est pas ainsi pour les indigènes, dont les méthodes sont aussi peu avancées que possible. En général, on sème en novembre pour récolter dans la deuxième quinzaine de mai.

Blé tendre. Le blé tendre est d'importation européenne, le grain a une couleur blonde, il ne résiste pas sous la dent, sa farine est blanche, et c'est pour cela que souvent on la mélange avec la farine de blé dur. On sème plusieurs sortes de blé tendre, celles à barbes sont préférées parce qu'elles résistent mieux aux influences atmosphériques et qu'elles s'égrènent plus difficilement que celles non barbues. Le poids des blés tendres est moins élevé que celui du blé dur. La production de cette sorte de céréale, qui est presque tout entière entre les mains des colons européens, n'atteint pas le huitième des récoltes totales des autres céréales.

§ 2. *Seigle.*

Le seigle est la production des contrées où la terre est pauvre. Il existe peu de terrains de cette nature en Algérie où le froment trouve partout les meilleures conditions de végétation. On cultive cependant le seigle dans certaines localités de la Kabylie, dans un petit nombre de tribus et aussi chez quelques colons. L'ensemble de la production ne dépasse pas 5 à 600 hectares par an.

§ 3. *Orge.*

L'orge est en Algérie une production de première nécessité; elle y remplace l'avoine dans l'alimentation des chevaux, et dans les années de disette, les indigènes en font leur principal aliment.

On cultive dans la colonie plusieurs variétés d'orge; les plus répandues sont l'orge carrée ou à six rangs (*hordeum exasticum*, L.) qui est très-productive, et l'orge distique à deux rangs. On cultive aussi l'orge nue et l'orge céleste, mais dans de faibles proportions.

L'orge se sème en même temps que le blé; on la récolte quinze jours plus tôt, c'est-à-dire dans les premiers jours de mai. Les indigènes recueillent 12 à 15 hectolitres à l'hectare, le rendement est de 20 à 25 hectolitres dans les cultures des Européens. L'hectolitre pèse en moyenne 60 kilog. L'ensemble de la production pour toute la colonie est de 10 à 15 millions d'hectolitres par an, sur lesquels 8 millions au moins sont nécessaires pour la consommation locale. Le reste peut être livré à l'exportation, au prix moyen de 15 fr. l'hectolitre rendu au port d'embarquement. Cette exportation s'est élevée, en moyenne, pendant ces dernières années à 500 000 hect., soit à destination de la France, soit pour le compte de l'Angleterre; ces deux puissances la recherchent pour la fabrication de la bière pour laquelle elle convient tout particulièrement.

§ 4. *Avoine.*

L'avoine a été importée en Algérie par les colons européens, qui la donnent comme nourriture aux animaux de trait. On cultive deux sortes d'avoine, l'avoine blanche et l'avoine noire ; la première est préférée, à cause de son rendement plus abondant, qui monte facilement à 30 ou 35 hectolitres à l'hectare. L'hectolitre pèse de 48 à 50 kilog. En Afrique, l'avoine doit être donnée avec ménagement aux animaux qu'elle surexcite trop activement. Une partie de celle qu'on récolte en Algérie s'écoule à l'extérieur, notamment en Provence, où cette céréale est très-estimée.

§ 5. *Riz.*

On pratiquait la culture du riz sur différents points de la Régence avant l'occupation française. Depuis, cette production a complétement disparu du pays où on ne cherche pas à la rétablir, à raison de l'insalubrité qu'elle communique aux localités dans lesquelles on l'obtient.

On a cependant cultivé, mais sur une petite échelle, une variété de riz, dite riz sec de la Chine, qui n'est pas exigeante pour la quantité d'eau qu'elle absorbe, et dont le rendement est néanmoins satisfaisant.

§ 6. *Maïs.*

On a dit du maïs, qu'il a l'avantage d'être pár lui-même une nourriture complète, possédant à la fois tous les éléments azotés et carbonés.

Cette propriété nourrissante du maïs en rend la production également précieuse pour les hommes et pour les animaux. On sait quel parti les Américains en tirent pour l'engraissement du bétail et de la volaille. Les cultivateurs algériens ne sont pas encore parvenus à de tels résultats ; ils sont sur la voie cependant, déjà les cultures annuelles occupent plus de 5000 hectares, et il n'est pas douteux qu'elles s'étendent encore.

Le maïs était connu des indigènes, ils ne cultivaient toutefois que les variétés les plus ordinaires. Les colons se sont attachés, au contraire, à produire celles dont ils obtiennent les meilleures et les plus abondantes récoltes. De ce nombre sont différentes sortes de provenance américaine et française. On sème le maïs en mars ou avril, suivant le temps. On récolte le quarantin au mois de juin, les autres variétés en juillet et août. Le rendement est de 30 à 40 hectolitres à l'hectare.

§ 7. *Millet.*

Les indigènes ont de tout temps cultivé une espèce de millet qu'ils nomment *doura*, et qu'ils utilisent pour leur alimentation. Le doura est très-productif en graines ; ses feuilles sont, en outre, un excellent fourrage.

Le millet se sème comme le maïs, on le récolte dans la même saison.

Les colons produisent peu de millet ; ils ont introduit dans le pays deux sortes qui y étaient étrangères : le moha de Hongrie et le millet d'Italie.

§ 8. *Sorgho.*

Lorsque les premières graines de sorgho (*holcus saccharatus*), envoyées de Chine par M. de Montigny, parvinrent en Algérie, il existait déjà dans le pays deux plantes de cette famille, le sorgho à balais (*holcus sorghum*), dont le nom indique suffisamment l'emploi, et le bechena (*holcus cernuus*), que les indigènes utilisent de la même manière que le millet et qui renferme beaucoup moins de principes sucrés que le *holcus saccharatus*.

L'introduction en Algérie de cette dernière variété donna une très-vive impulsion à cette culture. C'était le moment où l'oïdium sévissait dans toute sa rigueur sur les vignobles de France, les spiritueux devenaient rares, des usines importantes se fondèrent sur plusieurs points de la colonie dans l'intention de remplacer l'alcool de vin par celui de sorgho ; malheureusement, la culture ne leur fournit pas les aliments nécessaires, et la plupart de ces établissements furent obligés de suspendre leurs opérations.

Malgré cet échec, le sorgho n'a pas complétement disparu de la production, les colons l'ont cultivé comme fourrage et ils n'ont eu qu'à s'applaudir de cette résolution. Des industriels ont persisté aussi à le traiter comme plante saccharine et ils ne s'en sont pas moins bien trouvés.

Le sorgho, cultivé dans ces conditions, est semé dans le courant de mars ou au commencement d'avril; on le récolte du 8 au 15 août. Le rendement est de 800 quintaux métriques à l'hectare. Les cannes donnent 15 pour 100 de sucre non raffiné, soit 120 quintaux ou 50 pour 100 de sucre raffiné, soit 50 quintaux. On récolte aussi 30 quintaux de graines dont on obtient 600 litres d'alcool d'une valeur égale au 3/6 du commerce. Somme toute, les résultats équivalent à ceux des meilleures cultures.

§ 9. *Farine.*

Avant l'occupation française, il n'existait que deux modes de fabrication pour les farines : dans les villes, le moulin à manége, dont les rouages défectueux, mis en mouvement par un âne, un cheval ou un mulet, donnaient des produits de très-médiocre qualité ; dans les tribus, le moulin à bras, instrument barbare, dont l'emploi imposé à la femme arabe ne rendait qu'une farine grossière à peine débarrassée du gros son.

C'est pourtant avec cette farine que l'on préparait le couscous, ce met national, qui n'est autre chose qu'une sorte de semoule à gros grains. Les femmes le fabriquent en roulant avec la paume de leurs mains dans un plat en bois une certaine quantité de farine qu'elles humectent légèrement. La manipulation se prolonge suivant la grosseur et la qualité qu'on désire.

On obtient ainsi une pâte granulée qu'on fait sécher au soleil et qui peut alors se conserver assez longtemps. On prépare le couscous en l'exposant à la vapeur qui s'échappe d'une marmite. On l'accompagne généralement d'une sauce pimentée dans laquelle on fait entrer du lait de brebis ou de chamelle, et de viande de mouton.

Ces deux systèmes sont encore mis en pratique, mais ils tendent de plus en plus à disparaître devant le nombre sans cesse grandissant des moulins à vent, à eau et même à vapeur, établis par les minotiers européens.

Ce n'est pas toutefois sans lutte et du premier coup qu'on est arrivé à ce résultat : longtemps les farines de blé dur ont été écartées de l'alimentation de l'armée et des colons, on leur préférait les farines tirées de France à grands frais, et il se passait ce fait singulier qu'on payait le pain 35 à 40 centimes le kilogramme dans les mêmes localités où le blé se vendait 8 à 10 francs l'hectolitre.

L'initiative de la réforme appartient à un minotier de la province de Constantine ; M. Lavie créa la première usine pour la manipulation du blé dur. On reconnut bientôt après que si les farines de cette nature sont un peu moins blanches et un peu plus difficiles à travailler que celles provenant du blé tendre, elles rachètent largement ces légers défauts par des qualités du premier ordre. Aussi les moulins ne tardèrent pas à se multiplier en grand nombre, et maintenant, non-seulement la fabrication suffit à tous les besoins de la consommation locale, mais encore elle exporte ses produits à Marseille, à Cette, en Italie, en Égypte et sur d'autres points de la Méditerranée. On peut dire que la meunerie algérienne, après avoir eu, dans le principe, de sérieuses difficultés à surmonter, est arrivée à la hauteur de l'industrie minotière de la France. Pour ne citer qu'un exemple, l'usine Lavie, avec ses trente tournants, fabrique annuellement 12 millions de kilogrammes de farine et de semoule.

La farine de blé dur, bien manipulée, conserve la teinte jaune dorée particulière au blé algérien; elle contient, à l'état humide, 40 à 45 pour 100 de gluten, et donne un rendement en pain dix à douze fois plus élevé que la farine de blé tendre. Le pain lui-même a une saveur qui est généralement plus appréciée, et il est très-nutritif.

A la mouture, d'après les procédés français, les blés rendent en farine, par quintal, savoir : pour le blé dur, 78 à 80 kilogr. (pour les manutentions on obtient jusqu'à 86 kilogr.); blé tendre, 70 à 72 kilogr. Quant à l'orge, son rendement en farine est en moyenne de 60 kilogr. par quintal.

§ 10. *Semoules, pâtes, etc.*

En dehors de la fabrication de la farine qui, comme on vient de le voir, peut s'étendre dans des proportions illimitées, le blé dur a donné naissance à une autre industrie qui s'est déjà largement développée et qui paraît appelée au plus fructueux avenir, il s'agit de la fabrication de la semoule et des pâtes alimentaires.

Les premières tentatives dans cette voie datent de 1855 ; elles eurent un plein succès : la maison Bertrand et Cie, de Lyon, à qui était due cette louable initiative, reçut à l'Exposition universelle de 1855 une médaille d'argent de 1re classe, terme le plus élevé des récompenses accordées aux exposants de la catégorie. Du premier coup les pâtes provenant des blés durs de l'Algérie se trouvaient placées, pour cette spécialité, au premier rang parmi les produits similaires étrangers qui avaient joui jusque-là d'une réputation incontestée.

Depuis, la fabrication s'est largement étendue ; peu de temps après, une usine à Marseille, celle de M. J. Brunet, employait par an plus de 80 000 hectolitres de blé dur algérien pour la fabrication de la semoule, et cet exemple rencontra bientôt des imitateurs. Mais cette situation devait encore se modifier au profit de la colonie. Sans se déplacer complétement, l'industrie continuait à gagner du terrain. A leur tour les minotiers de l'Algérie, ceux de la province de Constantine à leur tête, se livrèrent à des essais qui ne tardèrent pas à être couronnés d'un plein succès ; en sorte qu'aujourd'hui l'industrie, qui a la confection de la semoule pour but, est complétement acquise à l'Algérie et se pratique sur tous les points du territoire. Son importance est devenue telle, qu'une seule maison de Constantine fabrique par jour 50 balles de semoule qui trouvent leur écoulement dans la colonie et dans les principales villes de France et jusqu'à Paris, à des prix moins élevés que ceux des produits similaires préparés dans les diverses contrées de l'Europe.

La fabrication des macaronis, vermicelles et autres pâtes alimentaires, a suivi la même voie. Déjà elle suffit aux besoins de la consommation locale et ses produits commencent à se répandre au dehors où ils luttent sans désavantage avec ceux de leurs concurrents.

La province de Constantine est, des trois provinces de l'Algérie, celle où on récolte les plus grandes quantités de céréales. C'est aussi celle où la minoterie a pris le plus grand essor. Dans cette province, les négociants les plus connus pour la vente des céréales sont :

MM. Barnoin, Gérard et Bonifay, Charles, Lavoute, Pisani, Mouri et Solari et Dabadie, à Constantine ;

MM. Bronde, Dubourg, Battandier et Laugier, Toche frères, Gilli, Péclat-Maunder et Couret et Cie, à Bône ;

MM. Fr. Grima et Teissier (Henri), à Philippeville.

Les principaux minotiers comme les principaux fabricants de pâtes alimentaires, ont présenté leurs produits à l'Exposition universelle ; on trouvera leur nom ci-après ; il n'y a donc pas lieu de les mentionner ici.

EXPOSANTS.

Aballach, des Beni-Oughlis (prov. de Constantine).

Blé dur, 80 kilog.

Abram (Rév. Père), directeur de l'Orphelinat de Misserghin (prov. d'Oran).

Blé dur, 79 kil. ; blé tendre, 80 kil. ; farine blé dur ; farine blé tendre ; semoule blé dur ; maïs.

Ahmed ben El Kadi, caïd de Batna (prov. de Constantine).

Grande culture : 13 khammès, 13 charrues.

Orge, 62 kilog.

Ahmed Khodja ben Achour, caïd du Ferdjioua (prov. de Constantine).

Blé dur 1866, 84 kilog. ; blé tendre 1866, 80 kilog. ; orge 1866, 61 kilog.

Ali ou Bezzouah, des Barbacha-Bougie (prov. de Constantine).

Blé dur, 82 kilog.

Ali ben Hamdi, cheikh de Guellal, Ameur-Dahra (prov. de Constantine).

Orge, 61 kilog.

Amar ben Khaled, d'El Arach-Sétif (prov. de Constantine).

Blé dur, 84 kilog.

Avrial (Michel), à Sidi Bel-Abbès (prov. de Constantine).

Farine blé tendre; farine blé dur.

Barnoin (Cyprien), à Constantine.

Blé barbe noire, 84 kilog.; blé agemi, 84 kilog.; orge noire, 66 kilog.; orge ordinaire, 62 kilog.; seigle et blé agemi en gerbes.

Barrot (Ferdinand), propriétaire à Planchamp (prov. de Constantine).
Directeur M. Ed. Benoit.

Blé tendre et dur en gerbes; avoine en gerbes.

Bel Kassem ben Nacer, caïd des Allaouna-Tebessa (prov. de Constantine).

Blé dur, 78 kilog.; orge, 60 kilog.

Berthier (François-Paul), à la Rassanta (prov. d'Alger).

Maïs; blé dur, 80 kilog.; blé tendre, 75 kilog.; balai de sorgho.

Berthon (Jean-Pierre), à Tizi-Ouzou (prov. d'Alger).

Céréales.

Bertrand et Compagnie, à Lyon.

Collection de pâtes alimentaires: emploi des blés de l'Algérie; macaronis, vermicelles, semoules, pâtes romaines, nouilles, etc.

Betz-Penot, à Ulay (Seine-et-Marne).

Emploi des maïs de l'Algérie; semoule de maïs blanc et jaune; farines de maïs blanc et jaune; parties grasses de maïs.

Bilger (Nicolas), à Saint-Louis (prov. d'Oran).

Blé tendre en épis; blé en grains, 78 kilog.

Blanc (Pierre), au fort Napoléon (prov. d'Alger).

Seigle en gerbe.

Bleuze (Jules), à Sidi-Brahim (prov. d'Oran).

Propriété de 752 hectares; culture de céréales; minoterie, 6 paires de meules; 2 turbines hydrauliques.
Blé aubaine d'Afrique, 78 kil.; blé tuzelle, 80 kil.; farines blé dur et blé tendre.

Bonas (N.), à Mahelma (prov. d'Alger).

Blé dur, 82 kilog.

Bosredon (Jacques), directeur de la ferme-école de Ouarrath (prov. de Constantine).

dur, 82 kilog.

Bouchet (Lucien), à Duzerville (prov. de Constantine).

Maïs, sorgho blanc en graines, sorgho sucré en graines.

Bou Diaf ben Mohammed, caïd des O. Daoud (prov. de Constantine).

Grande exploitation agricole dans la plaine de Chemoura: 28 charrues, 745 bêtes à cornes ou ovines.
Blé dur, 79 kilog.; orge.

Bou Larès ben Djebari, caïd à Bou-Hadjar (prov. de Constantine).

Orge de l'Oued Zitoun, 64 kilog. ; blé de l'oued Zitoun, 82 kilog.; blé en épis.

Bou Medine El Hadj Boikal Brixi, à Tlemcen (prov. d'Oran).

Blé dur (petit échantillon); maïs, 3 fusées.

Bourceret (Pierre-Paul), propriétaire à l'oued Athmenia (prov. de Constantine).

Exploitation agricole sur 2600 hectares, à l'aide de fellahs et de khammès, dans le pays des Seraouïa.

Gerbe de blé; blé, 87 kilog.; orge, 63 kilog.

Bourger (Jacques-Pierre), de Guelaât bou Sebaa (prov. de Constantine).

Blé dur, 81 kilog. ; blé et orge en gerbes.

Braham ben Mohammed ou **Saïd El Gobrini,** caïd des Tachetas (prov. d'Alger).

Orge, 56 kilog.

Brémont frères, à Tlemcen (prov. d'Oran).

Minot blé dur et blé tendre; semoule fine et grosse; farine blé tendre.

Brunet, à Marseille.

Pâtes alimentaires ; emploi des farines de blé dur de l'Algérie. — Semoules : roche-impériale, extra-grosse, grosse-grosse, grosse, demi-grosse, moyenne, fine, demi-fine. — Gruau : gruau fin.

Bussutil (Vincent), à Souq.-Ahras (prov. de Constantine).

Collection de pâtes alimentaires.

Chérif ou El Hadj, des Beni Djelil-Bougie (prov. de Constantine).

Blé dur, 80 kilog.

Cheviron (Mme), à Medéah (prov. d'Alger).

Pâtes alimentaires.

Chuffart (Louis), de l'oued El Halleg (prov. d'Alger).

Maïs en fusées; blé dur, barbe noir en gerbe; blé dur, barbe blanche, gerbe; blé tendre 1866, 80 kilog.; avoine 1866, blé dur 1866, 82 kilog.

Cognier (Jean-Hubert), à Valmy (Prov. d'Oran).

Culture : 70 hectares ; création de 1848.

Blé dur, 80 kilog.

Colman (Colas), à Sidi Bel Abbès (prov. d'Oran).

Propriété de 130 hectares, créée en 1854.

Blé tendre, 80 kilog.; blé dur, 83 kilog.; orge, 59 kilog.

Comice agricole de Constantine.

Blé dur, 76 kilog.; blé dur, 83 kilog.; blé dur, 85 kilog.; maïs, blanc, jaune et rouge.

Compagnie française des cotons et produits algériens, *A. du Mesgnil*, administrateur-directeur.

Blé dur, de Tittery, en paille, récolté à Ali-Gatam; id., à barbe noire, id. (22 quintaux à l'hectare); id., ordinaire, etc.

Avoine blanche, en paille.

Maïs en tiges; id., en fusées.

Blé dur ordinaire, 84 kilog., 1 sac; blé tendre, 80 kilog., 1 sac.
Orge, 1 sac; avoine, 1 sac; maïs ordinaire, 1 sac.
Farine de blé dur; id., de blé tendre; semoule fine; id., moyenne; id., grosse.

Cordier (A. et P.), à la Rassanta (prov. d'Alger).

Maïs, 13 fusées; avoine; orge.
Blé tendre, 81 kilog.; blé tendre en gerbe; avoine en gerbe.

Currat et Bordes, à Philippeville (prov. de Constantine).

Avoine blanche.

Daudrieu (Charles), à Arcole (prov. d'Oran).

Blé tendre, 84 kilog.; avoine.

Debono (Joseph), à Bône (prov. de Constantine).

Pâtes alimentaires, 39 échantillons.

Decouflé (Louis-Gabriel), au Kroub (prov. de Constantine).

Blé dur, 84 kilog.; orge, 62 kilog.

Denizot et **Boudon**, minotiers, à Blidah et à Alger.

Établissement sur l'oued El Kébir, fondé en 1850; force hydraulique, 14 chevaux-vapeur; 4 paires de meules.
Minot de blé dur; farine, blé tendre et blé dur; gros son.

Derradji ben Souïki, caïd de Milah (prov. de Constantine).

Couscoussou de Milah; couscoussou marchand.

Desaitre (Mme), à Tlemcen (prov. d'Oran).

Blé tendre, 1 glane; blé dur, 1 glane; maïs varié.

Deyron (Michel), minotier, à Souq-Ahras (prov. de Constantine).

Chute d'eau mouvant, 3 turbines; exploitation agricole de 55 hectares.
Blé dur, 85 kilog.

Dimech (Joseph), à l'oued Maïs-Guelma (prov. de Constantine).

Blé dur, 81 kilog.; orge, 58 kilog.; maïs.

Drot (Jacques), à Constantine.

Moulin sur l'oued Roumel; 3 paires de meules; 12 chevaux-vapeur.
Orge perlé; blé perlé.

Dubourg (Pierre-Prosper), à Hippone-Bône (prov. de Constantine).

Orge, 62 kilog.; avoine; blé dur, 78 kilog.; maïs; blé tendre, tuzelle, 80 kilog.

Ducomps (Dominique), à Guelma (prov. de Constantine).

Exploitation agricole, 200 hectares; minoterie, deux usines, fondées en 1855 et en 1865.
Farine de blé dur.

Ducoup (Julien), à Constantine.

Minoterie et fabrique de tabac; vignoble, 2 hectares.
Emploi de 25 chevaux-vapeur; 6 paires de meules.
Machine à hacher le tabac.
Farine, blé dur; semoules, grosse, moyenne et fine.

Dufourc (Firmin), à Alger.

Blé tendre, tuzelle; minot, blé tendre; farine blé dur; semoule, n° 1.

Dulioust et **Flayol,** minotiers à Blidah (prov. d'Alger).

Minoterie fondée en 1856; roue hydraulique.
Farine de blé indigène; farine de blé tendre; semoule de blé dur.

Dupuy (le docteur), à Oran.

Blé et avoine en gerbes.

El Hadj ou Bel Kheir, des Guifser (prov. de Constantine).

Blé dur 1866, 78 kilog.

Fagard (Auguste), à Boufarik (prov. d'Alger).

Blé dur, 81 kilog.; blé dur, 2 gerbes.

Fleurieu (de) et de Saint-Victor, à Birkadem (prov. d'Alger).

Blé dur, 82 kilog.; orge et blé tendre en gerbe; blé tendre, 80 kilog.

Foacier de Ruzé et Samson, au Bou Merzoug (prov. de Constantine).

Blé dur marchand, 80 kilog. 500; orge céleste 79, kilog.; blé dur adjemi, 81 kilog.; orge ordinaire, 61 kilog.; maïs quarantin.

Fouet (Mme veuve), à Saint-Charles (prov. de Constantine).

Blé dur, 82 kilog.; blé tendre d'Aix, Sissaitte, 82 kilog.; orge d'Écosse, 66 kilog.; maïs.

Francoz (Jean-Antoine), à Souq Ahras (prov. de Constantine).

Blé tendre 1866, 80 kilog.; blé dur 1866, 81 kilog.

Garro (Modeste) fils aîné, à Alger.

Huilerie et minoterie sur l'oued Boghni, fondées en 1858 et 1859; roue hydraulique et turbine; force 25 chevaux. 3 meules pour les huiles et 2 meules pour les blés.
Farine blé dur; farine tuzelle blé tendre; semoule; farine minot blé dur de Bouïra 48 %; farine minot blé tendre de Dra El Mizan 60 %.

Général commandant la province de Constantine.

Blé en gerbe de Setif, 1866; orge en gerbe de Setif 1866.

Gériola (Joseph), à Constantine.

Collection de pâtes alimentaires et semoules, composée de 20 échantillons.

Giraud (Marius), à Blidah (prov. d'Alger).

Minoterie sur l'oued El Kebir, fondée en 1856; roue hydraulique 24 chevaux.
Farine tuzelle blé tendre; farine blé dur; semoule.

Giuliani (Achille), à Oran.

Blé tendre 1866, 82 kilog; blé dur 1866, 80 kilog.; orge 1866, 60 kilog.; avoine 1866.

Grand-Colas, à l'Alelik (prov. de Constantine).

Blé dur, 79 kilog.; maïs quarantain.

Grima (François), à Philippeville (prov. de Constantine).

Maïs blancs; maïs jaune, maïs jaune en fusée; blé dur, 82 kilog.; blé dur, 86 kilog.; blé tendre 82 kilog.; blé dur 81 kilog.; blé dur 85 kilog.; orge 59 kilog.; avoine.

Grima et Saïd, à Souq-Ahras (prov. de Constantine).

Exploitation agricole de 70 hect.; minoterie sur la Medjarda; 12 chevaux.
Blé tendre, 82 kilog.; blé dur, 80 kilog.; farine, semoule.

Guieysse (Célestin), à l'Alma (prov. d'Alger).

Blé dur, 80 kilog.

Hammoben Ba Ali, caïd des Serraouïa (prov. de Constantine).

Blé dur 1866, 84 kilog.

Hannachi ben Ahmed des Eulmas Setif (prov. de Constantine).

Orge, 60 kilog.

Haouen (Émile), à El Arrouch (prov. de Constantine).

Seigle, orge, avoine.

Homé (Jean-Baptiste), à Sidi Bel Abbès (prov. d'Oran).

Culture de 120 hectar, à Ain Trid (Thessalah).
Blé tendre barbu, 81 kilog.; blé tendre ordinaire, 80 kilog.; orge d'Afrique, 60 kilog.; blé dur, 81 kilog.; blé barbu bleu, 82 kilog.; blé à six rangs, 80 kilog.

Illes ben Bou Zid, caïd de Oulad Nabet (prov. de Constantine).

Blé dur, 80 kilog.

Ismaël ben Ali, caïd de Hodna (prov. de Constantine).

Grande culture, 20 khammès, 5 bergers, 88 têtes de gros bétail; 530 moutons.
Blé dur, 80 kilog.

Jacques (Jean-Baptiste), à Relizane (prov. d'Oran).

Blé tendre tuzelle ordinaire; blé dur indigène noir barbu; blé tendre indigène; blé indigène barbu; orge indigène; sorgho sucré; millet ordinaire, millet à haute tige, avoine de Hongrie; maïs; sorgho.

Jammes (Gilles), à Biskra (prov. de Constantine).

Blé dur (2 échantillons); maïs; blé en épis.

Jardin d'acclimatation d'Alger. M. *Hardy*, directeur.

Blé, 17 variétés; blé du cap Blanc, 80 kilog.; blé de Melbourne, 81 kilog.; blé de la Nouvelle-Galles du Sud, 77 kilog.; blé du Cap, 76 kilog.; blé d'Acyr, 76 kilog.; blé de Chine, 79 kilog.; blé d'Australie, 78 kilog., etc.
Orge d'Autriche, 60 kilog.; d'Australie, 63 kilog.; orge éventail, 62 kilog.; chevalier à deux rangs, 61 kilog.; orge à six rangs, 63 kilog.; orge belge, 62 kilog.; orge de l'île d'Ouessel, 59 kilog.; orge de Népaul, 52 kilog.
Avoine, 10 variétés : Pologne, Canada, Écosse, belge, Gasparin, Victoria, chenaille, etc.
Seigle de Rome, de Russie, etc.
Maïs des Landes, Champlain, Portugal, Espagne, Érié, Guyane, Philadelphie, Pensylvanie, Provence, Nouvelle-Galles du Sud, etc.
Millet d'Italie ordinaire, rouge, blanc, noir, piquant, à gros épis, de Hongrie, de Pékin.
Riz de la Chine, 2 variétés.
Sorgho, 29 variétés : des Caffres, de Kabylie, des Touareg, du Maroc, de la Chine, de l'Afrique australe, etc.
Fécule de patate, de Colasse, de Magnoc, de Salep, farine de banane.

Laisné, à Douera (prov. d'Alger).

Céréales, 9 gerbes.

Lakhdar ben Ouhaab, de O. Senan Guelma (prov. de Constantine).

Blé dur, 84 kilog.

Lakhdar ben Toumi, cheik des Beni Yala (prov. de Constantine).

Blé dur, 80 kilog.

Laperlier (Laurent), à Mustapha-Supérieur (prov. d'Alger).

Orge, 60 kilog.; maïs en fusées, 4 variétés.

Lavie (François), à Guelma (prov. de Constantine).

Culture du lin; minoterie; moulin à huile; égrenage de coton. Emploi de 60 ouvriers; une roue hydraulique, 3 turbines, 18 paires de meules; 6 machines à égrener (*Mac Carty*); 3 machines à teiller.

Semoule blé dur; farine blé dur; farines et semoules; divers produits de cette minoterie.

Lavie (Pierre) et Cie, à Constantine.

Minoterie; fabrique de semoule; fabrique d'huile; moulin à vent. Fondation de 1838. Emploi de 120 ouvriers. Chute d'eau de 50 mètres; débit moyen de 400 litres à la seconde, mettant en jeu 5 usines étagées; 30 paires de meules; 5 sasseurs; machine à laver et à sécher le blé.

Son fin; son gros; farine 1re qualité; farine 2e qualité; farine supérieure; farine gruau; fleurage; boulange; semoule fine; semoule ordinaire; semoule moyenne, grosse; semoule nº 1, nº 2; semoule moyenne, fine; semoule Roche; semoule moyenne.

Léger (Louis), à Ponteba (prov. d'Alger).

Maïs en fusées; blé tendre en grain et en glanes.

Leroy (Charles-François), à Kouba (prov. d'Alger).

Maïs, 22 variétés : de Syrie, blanc des Landes, à poulet, flambé, King-Philippe, Rud hand freat coïn, howd, Gockcoin, Colleret-Gourder, etc.

Blé, 31 variétés : Silésie, Tumenia, Saumur, Maroc, Chine, Sordomiska, Sicile, hérisson, Victoria-Melbourn, Miracle, Richelli de Naples, Dantzig, etc.

Seigle des Alpes, de Rome, ordinaire, de mars, grand Kétic, multicaule, de Russie, ordinaire noir.

Avoine blanche, de Russie, d'or, belge, noire, de Valachie, de chenailles, rouge de Beauce, de Géorgie, grise de Champagne.

Leturc (Édouard-Pierre), entrepreneur général de la maison de Lambèse, à Marcouna (prov. de Constantine).

Maïs gros rouge, rouge à poulet, Tuscarora, gros jaune, géant rouge, géant panaché, jaune à poulet, bec jaune, bec rouge, quarantain.

Tiges de blé dur; seigle; blé dur, 40 kilog.; orge, 61 kilog.; seigle noir.

Lombard (Joseph), à Bréa (prov. d'Oran).

Blé dur, 82 kilog.; blé tendre, 82 kilog.

Lutzow (Frédéric de), à El Hadjar (prov. de Constantine).

Cultures diverses, 90 hectares; création de 1852.

Blé dur, 81 kilog.

Mahmed Allal, à Tizi Ouzou (prov. d'Alger).

Orge; blé dur, 82 kilog.

Malglaive (Esprit-Victor de), à Marengo (prov. d'Alger).

Blé tendre 1866 en gerbe; blé dur 1866 en gerbe; blé dur 1866, 80 kilog.; blé tendre 1866, 80 kilog.; farine entière blé dur; farine entière blé tendre.

Marnat-Vernadel (Guillaume), à Constantine.

Blé, 86 kilog.; orge, 62 kilog.

Martin (Jean-Marie), à Sétif (prov. de Constantine).

Farine plate de blé dur; farine ronde de blé dur.

Martin (Joseph), à Fleurus (prov. d'Oran).

Blé tendre ordinaire, 79 kilog.; blé tendre tuzelle, 80 kilog.; avoine.

Martinez (Manuel), à Sidi Bel Abbès (prov. d'Oran).

Propriété de 186 hectares, créée en 1853.
Orge, 58 kilog. ; blé tendre, 80 kilog. ; blé dur, 82 kilog.

Masquelier fils et Cie, à Saint-Denis du Sig (prov. d'Oran).

Blé dur, 79 kilog.

Merle frères, fermiers de M. Fr. Nicolas, à Sidi Hameïda, plaine de Bône (prov. de Constantine).

Blé dur de Kaala ; blé dur 1866, 76 kilog. ; blé dur, variété Aoba, 82 kilog. ; blé tendre tuzelle d'Aix, 78 kilog. ; maïs, 4 variétés.

Messerschmitt (Valentin), à Guelaat bou Sebaa (prov. de Constantine).

Blé dur, 83 kilog. ; blé dur en gerbe.

Metzinger (François), à Guelaat bou Sebaa (prov. de Constantine).

Blé dur en gerbe.

Mohammed Amzian ben Khalia, cheik d'El Arach (prov. de Constantine).

Blé dur, 83 kilog.

Mohammed Arezgui ben Bou Aza, cheik de la tribu de Beni-Ourtilan (prov. de Constantine.

Blé dur, 81 kilog. ; blé dur, 79 kilog.

Mohammed ou Kaci, des Beni Bou Messaoud (prov. de Constantine).

Orge 1856, 61 kil.

Mohammed ou El Mouharb, des Fenaïa-Bougie (prov. de Constantine).

Blé dur 1866, 82 kilog.

Mohammed ben Ramdhan, caïd de l'oued El Kebir, la Calle (prov. de Constantine).

Blé en épis ; blé de Roum El Souq, 81 kilog. ; orge de Roum El Souq, 56 kilog.

Mohammed ben Salem, à l'oued Yacoub (prov. de Constantine).

Culture sur 140 hectares, 200 moutons, 24 bœufs, 16 chevaux ou mulets.
Blé dur, 81 kilog. ; orge, 60 kilog.

Mohammed ben Zoubir, de Soulad Ayad (prov. d'Alger).

Orge, 58 kilog.

Mokhtar ben Choura, à Teniet El Haad (prov. d'Alger).

Blé dur, 80 kilog.

Montagnon (Benoît-Blaise), à Orléansville (prov. d'Alger).

Farines ; semoules.

Moureau (Élysée) **et Arnaud** (Marius), à Batna (prov. de Constantine).

Semoule ; farine de blé de l'Aurès ; gruau.

Nicolas (Frédéric), propriétaire à Guebar bou Aoun (prov. de Constantine).

Blé de la Calle (Caala) ; blé Beliouini ; orge indigène ; blé tendre tuzelle de Provence ; maïs jaune de Bourgogne ; maïs géant garagua ; maïs blanc de Bresse ; blé Victoria ; avoine blanche.

Orphelinat de Bône (sœur saint Bernard) (prov. de Constantine).

Orge 1866, 60 kil. ; blé dur 1866, 80 kil. ; avoine. Maïs quarantain en fusées ; maïs jaune fantaisie ; maïs, fleur cornée ; graines de sorgho.

Pépinière de Biskra (Béchu, jardinier en chef) (prov. de Constantine).

Blé chatla, 80 kilog.

Pépinière de Médéah (prov. d'Alger). (*M. Turquois*, directeur.)

Blés de Miracle et de Smyrne; d'Acyr; tendre d'Alger; poulard rouge; poulard du Nord; de Xérès; du Cap; poulard bleu; trimenia, barbus de Sicile; orge nu à 2 rangs; orge à 6 rangs; seigle ordinaire; avoine blanche; avoine noire; seigle de Rome; millet brun de Pékin; alpiste, millet long; sorgho Oughiffa des Arabes; sorgho Bechna des Kabyles; Sorgho sucré de l'Afrique centrale; sorgho à sucre.

Perès (Jean), à Batna (prov. de Constantine).

Farine, blé dur, semoule.

Petit (Jean-Baptiste), à Fleurus (prov. d'Oran).

Blé en gerbes; blé, 82 kil.

Righi (Étienne), à Batna (prov. de Constantine).

Pâtes alimentaires assorties.

Saghri ben Thoumi, cheikh des Sedrata (prov. de Constantine).

Blé dur, 80 kilog.

Smalas du 3e régiment de spahis (prov. de Constantine).

Blé, 86 kil., orge, 62 kil.

Smala du 3e régiment de spahis au Tarf (prov. de Constantine).

Orge, 61 kilog.; Sorgho.

Spiteri et Grech, à Blida (prov. d'Alger).

Collection de 19 espèces de pâtes alimentaires.

Sultana et Bonici, à Souq-Ahras (prov. de Constantine).

Blé dur 1866; blé dur; orge, 58 kilog.

Tahar ben hadj Ali Bou Maïza, caïd de l'Edough (prov. de Constantine.)

Blé dur, 80 kilog.

Tahar ben Mekraz, cheikh des Eulma-Setif (prov. de Constantine).

Blé dur, 80 kilog.

Thaleb ben Ali (Hadj), à Souq-Ahras (prov. de Constantine).

Blé dur, 83 kilog; orge, 58 kil.

Tourdonnet (**Joussineaud**, comte de), propriétaire à l'oued Athmenia (prov. de Constantine).

2050 hectares; culture de céréales.
Blé, 81 kilog.; orge, 58 kilog.; maïs.

Tracqui (Jean-Baptiste), à El Arrouch (prov. de Constantine).

Propriété de 90 hectares dont 10 hectares en oliviers, le reste en céréales.
Blé dur 1866, 82 kilog.

Union agricole d'Afrique, à Saint-Denis du Sig (prov. d'Oran).

Blé dur d'Afrique, 83 kilog.; farine en semoule; blé dur. Orge d'Afrique, 57 kilog.

Valladeau (Pierre) (prov. d'Alger).

Céréales.

Vernillet (Louis,) à Valmy (prov. d'Oran).

Propriété de 100 hectares, créée en 1848. Blé tendre, 80 kilog.

Viguier (Paul), colon à Bouf-Far (prov. de Constantine).

Blé dur, 81 kilog.

Villas, à la Chiffa (prov. d'Alger).

Blé dur de la Mitidja.

Vincens de Gourgas, à Philippeville (prov. de Constantine).

Maïs jaune en graines et en fusées. Blé tendre 1866 en gerbes ; blé tendre 1866, 83 kilog. Orge 1866, 59 kilog.

Vuillemin (Amable-Clovis), à El Arrouch (prov. de Constantine).

Blé dur, 82 kilog ; orge, 58 kilog ; avoine.

Zoller (Daniel), à Guclaat Bou Sebaa (prov. de Constantine).

Blé dur, 82 kilog.

CLASSE 69.

CORPS GRAS ALIMENTAIRES, HUILES COMESTIBLES, ETC.

§ 1er. *Lait et beurre.*

L'espèce bovine de l'Algérie est généralement peu laitière. Aussi s'est-on vu forcé, pour satisfaire aux besoins de la consommation européenne, de recourir à l'introduction d'animaux appartenant aux races exotiques, notamment à celles de Suisse, de Bretagne et du midi de la France. Il existe de belles étables de ces animaux autour des grandes villes de l'Algérie ; le lait s'y vend de 35 à 45 cent. le litre, le beurre de 3 à 4 fr. la livre.

Les indigènes fabriquent peu ou point de beurre, mais ils consomment une certaine quantité de lait qu'ils mêlent à leurs préparations culinaires, particulièrement au couscous. Le lait employé provient plus souvent des brebis et des chamelles que des vaches de leurs troupeaux.

§ 2. *Huile d'olive.*

Le climat de l'Algérie est particulièrement propre à la végétation de l'olivier, qui croît spontanément sur presque tous les points des trois provinces. Il n'y redoute pas plus les influences atmosphériques que le chêne en France ; il atteint à peu près les mêmes dimensions, et, quoique très-productif, il n'exige presque pas plus de culture. On peut donc dire que l'Algérie est devenue la véritable patrie de l'olivier. L'ensemble des terrains sur lesquels l'exploitation peut s'exercer est en quelque sorte incalculable. Heureusement l'étendue des débouchés ouverts à l'huile d'olive est proportionnée à celle du champ de production : la consommation s'accroît sans cesse.

Les territoires sur lesquels les plantations d'oliviers en plein rapport se rencontrent en plus grand nombre sont d'abord la Kabylie, vaste contrée accidentée qui convient admirablement à sa culture, puis les environs de Guelma et d'El Arrouch, dans la province de Constantine, et ceux de Tlemcen, dans la province d'Oran. Elles forment sur ces points de véritables forêts. D'après les derniers recensements, les plantations se composent de plus de 3 millions d'oliviers, dont la moitié a été greffée. Il est à remarquer, du reste, que si l'olive provenant de l'arbre greffé est plus grosse, plus charnue, et par conséquent plus chargée de matières grasses, l'olive recueillie du sujet sauvage donne, par contre, une huile plus fine et plus savoureuse.

Au point de vue de l'agriculture, il n'y aurait donc pas d'améliorations bien considérables à introduire dans cette branche de la production coloniale, du moins en ce qui concerne les indigènes; mais il n'en est pas ainsi pour ce qui regarde les procédés employés par eux en vue de l'extraction de l'huile : ils sont tout à fait primitifs et insuffisants, en ce que, d'une part, ils laissent perdre une grande quantité d'huile, et que, d'autre part, ils communiquent à celle qu'on récolte un goût peu agréable pour des palais délicats.

Cependant, dans diverses localités de la Kabylie, aux environs de Bougie, de Dellys et du Fort-Napoléon surtout, où on trouve de meilleurs systèmes de fabrication, la production se ressent de cette situation, et les huiles obtenues sont proportionnellement plus abondantes et de qualité supérieure.

Quant aux cultivateurs européens ils appliquent depuis longtemps tous leurs soins à tirer de cette culture tous les résultats qu'on en peut espérer. Sur les terres livrées à la colonisation la plus grande partie des oliviers sauvages ont été transformés au moyen de greffes tirées des pays de l'Europe les plus en réputation sous ce rapport.

Des usines établies dans les conditions de fabrication les plus perfectionnées ont en outre été installées dans beaucoup de localités, et il en sort des huiles comparables aux plus excellents produits similaires de la Provence.

En résumé, la culture de l'olivier et la production de l'huile prennent chaque année une extension plus grande, en même temps que la qualité des huiles va en s'améliorant. Pour ne citer qu'une des trois provinces, celle de Constantine, qui comprend, il est vrai, une partie de la Kabylie, produit annuellement, en moyenne, 150000 hectolitres d'huile dont un tiers a été livré à l'exportation.

Pendant la dernière campagne, Bougie seule a donné 58000 hectolitres. On n'a que des données incertaines sur la production dans les deux autres provinces, mais tout indique que, toute proportion gardée, elle monte à des chiffres qui ne sont pas beaucoup moins considérables.

Les principaux négociants en huile sont :

Dans la province d'Alger :

MM. Artigues, Bloch, Cœn, Curveiller et Cie, Garot et Cie, Remond, Rindavet, Valensi à Alger;

Marenchou, Mercier, Dalmerre et Modeste Garot à Dra-el-Mizan.

Dans la province de Constantine :

MM. Lavie, propriétaire à Constantine ;
Colson et Gunucci à Bône ;
Viguier et Lavie à Guelma, Borde à Philippeville, Dufour et Lambert à Bougie.

Dans la province d'Oran :

MM. Ducros, Pedra, Rocca, Safrané, Penabert, Molina Loustalet à Tlemcen.

EXPOSANTS.

Abbas ben Hamouda, de Beni Ourtilan (prov. de Constantine).
Huile d'olive.

Abd Allah ben Yahia, cheikh de Beni Yala (prov. de Constantine).
Huile d'olive épurée.

Abram (R. P.), direct. de l'Orphelinat de Misserghin (prov. d'Oran).
Huile d'olive comestible 1866 ; olives à l'huile ; olives en saumure.

Ahmed ben Djelloul, caïd des Zatimas (prov. d'Alger).
Huile d'olive.

Ahmed Khatri, à Bougie (prov. de Constantine).
Huile d'olive 1866.

Ahmed ou Lounis, des Mechtra (prov. d'Alger).
Huile d'olive.

Ahmed Naït ou Arab, des Beni Mendas (prov. d'Alger).
Huile d'olive.

Bailly (Jules), à Tenès (prov. d'Alger).
Huiles d'olives sauvages ; huiles d'olives greffes nouvelles.

Belkassem (Hadj) ben El Medjdoub, au jardin Salah Bey (prov. de Constantine).
Olives noires et olives vertes de tables, du jardin Si Mohammed El Rorab-Salah Bey.

Boissonnet (Estève-Laurent), à Alger.
Huile d'olive comestible 1866.

Bou Ghedine ben Merhoun, caïd des Beni Bou Attafs (prov. d'Alger).
Huile d'olive.

Bou Medine El hadj Boikab Brixi, à Tlemsen (prov. d'Oran).
Huile d'olive.

Burgaz frères, à Souq-Ahras (prov. de Constantine).
Beurre salé 1867 ; fromage salé dit de famille.

Cabassot frères, à Mascara (prov. d'Oran).
Huile comestible 1866.

Cely (Régis), à Tlemcen (prov. d'Oran).
Huile comestible 1865.

Champ (Pierre-Laurent), à Blida (prov. d'Alger).

Huile d'olive sauvage 1866; huile d'olive greffée; huile d'amandes douces.

Compagnie française *des cotons et produits agricoles algériens. A. du Mesgnil*, administrateur-directeur.

Huile d'olive; huile d'œillette fine.

Croësy (Guillaume), à Cherchel (prov. d'Alger).

Huile d'olive de table.

Desaitre (Mme), à Tlemsen (prov. d'Oran).

Huile d'olive vierge 1866; huile d'olive ordinaire 1866; olives en saumure, plantation de 1850, récolte de 1866; olives dans l'huile.

Dubourg (Pierre-Prosper), à Hippone-Bône (prov. de Constantine).

Huile d'olive.

Ducros (Léon), à Tlemcen (prov. d'Oran).

Fabrique d'huile; machine hydraulique 10 chevaux, 4 presses, 2 fourneaux.
Huiles comestibles.

Dufour (Emmanuel), à Bougie (prov. de Constantine).

Huiles d'olive, à manger et à brûler.

Du Pré de Saint-Maur (Jules), à Arbal (prov. d'Oran).

Huiles d'olive comestibles, 1865 et 1866.

Fiora (Barthélemy), à Dra El Mizan (prov. d'Alger).

Huile d'olive 1865-1866.

Fleury (Alcide), à Tlemsen (prov. d'Oran).

Huile d'olive 1866.

Garro (Modeste), à Alger.

Huile d'olive extra-fine	à	1 fr.	25 c.	la bouteille.
— surfine	à	1	15	—
— fine	à	1	»	—
Huile épurée à lampes	à	»	80	—
Huile d'Enfer	à	»	80	—
Huile de Ressence	à	»	80	—

Gassiot (Emmanuel), à Bône (prov. de Constantine).

Huile d'olive comestible.

Hamaouy (Joseph), à Bône (prov. de Constantine).

Propriété de 213 hectares aux Merdès; olivette; vignes.
Huile d'olive.

Haouen (Émile), à El Arrouch (prov. de Constantine).

Huile d'olives 1864.

Jammes (Gilles), à Biskra (prov. de Constantine).

Olives préparées et olives au vinaigre.

Jardin d'acclimatation d'Alger. *Hardy*, directeur.

Suif végétal; huile de ricin; huile du fruit du latanier.

Kaci ben Azzi, Mezzouar der Beni Ourtilan (prov. de Constantine).

Huile d'olives.

Kaulek dit Otsman, des Chekfa de Djidjeli (prov. de Constantine).

Huile d'olive à 1 fr. 50 le litre.

Kouider (Hadj) ben Toumi, caïd des Braz-Kebayles (prov. d'Alger).

Huile d'olive.

Lafitte (Joseph-Marie Ovard), à Cherchel (prov. d'Alger).

Huile d'olive.

Lavie (François), à Guelma (prov. de Constantine).

Huiles d'olive 1865 et 1866.

Lavie (Pierre) et Cie, à Constantine.

Huile d'olive.

Lombard (Joseph), à Bréa (prov. d'Oran).

Huile d'olive comestible.

Mazars (Mme), à Bordj Bou Areridj (prov. de Constantine).

Olives en flacon.

Mohammed ben Amar, cheikh de Guenzat de Sétif (prov. de Constantine).

Huile d'olive.

Mohammed El Arbi ben Hammo, cheikh des Beni-Hafed-Setif (prov. de Constantine).

Olives.

Mohammed El Mouhoub, à Bougie (prov. de Constantine).

Huile d'olive 1866.

Mohammed (Hadj) Saïd Naït El Hadj, à Tiziouzou (prov. d'Alger).

Huile d'olive.

Mohammed Seghir ben Abd Er Rhaman, hakem de Biskra (prov. de Constantine).

Olives vertes et noires.

Mohammed Tahar Ez Zitouni, des Beni-Yala de Setif (prov. de Constantine).

Huile d'olive.

Montariol (Adolphe), à Medjez-Ammar (prov. de Constantine).

Huile d'olive.

Moutier (Simon) et Cie, à Alger.

Huilerie aux Beni Ouaguenoun Makouida, cercle de Dellys; huilerie à Sidi-Aïch, cercle de Bougie.

Huile d'olive du moulin de Makouida; huile de table ordinaire; *idem* fine; *idem* surfine; huile d'olive du moulin de Sidi-Aïch; huile de table, surfine, ordinaire, et huile à lampes.

Orphelinat de Bône, sœur *Saint-Bernard* (prov. de Constantine).

Huile d'olive 1866; olives en saumure.

Pedra (Jules), à Tlemcen (prov. d'Oran).

Huiles comestibles.

Pépinière de Biskra (*M. Béchu*, directeur) (prov. de Constantine).

Olives en saumure, récoltées vertes et mûres.

Puibusque (Barthélemy de), à Guelma; propriété de 120 hectares; vallée de la Seybouse.

Huile d'olive nouvelle filtrée.

Rouire (Antoine), à Mascara (prov. d'Oran).

Huile d'olive 1865.

Sadok ben El Arbi, à Tizi-Ouzou (prov. d'Alger).

Huile d'olive.

Safrané (Pierre), à Tlemcen (prov. d'Oran).

Olivette, 60 hectares; huiles d'olive comestibles, 1865 et 1856.

Seddik ben Merfed, cheikh de Guenzat-Setif (prov. de Constantine).

Huile d'olive épurée.

Seliman ou Ismaël, à Tizi-Ouzou (prov. d'Alger).

Huile d'olive.

Teillou (Pierre), à Montenotte (prov. d'Alger).

Huile d'olive 1865 et 1866.

Treuil (Antoine), à Dra-El-Mizan (prov. d'Alger).

Huile d'olive.

Viguier (Paul), à Bou Far-Guelma (prov. de Constantine).

Huile d'olive vierge blanquette, huile d'olive vierge hâtive, huile d'olive vierge verte mélangée, huile d'olive vierge 1863.

Violat (Joseph), à Tizi Ouzou (prov. d'Alger).

Huile d'olive.

Willemin (Alcide), à Mouzaïa-les-Mines (prov. d'Alger).

Olivette, 85 hectares; 300 oliviers greffés; presse hydraulique, un cheval; une chaudière. Huile d'olive fine.

CLASSE 71.

LÉGUMES ET FRUITS.

§ 1er. *Légumes.*

L'Algérie offre d'excellentes conditions pour la production de toutes les espèces de légumes, ceux qui se consomment à l'état frais, comme ceux que l'on mange à l'état sec. Dès les premières pluies du mois d'octobre, on sème toutes les sortes de légumes qui entrent immédiatement en végétation. On récolte en décembre, et c'est alors que commencent ces exportations de petits pois, haricots verts, artichauts, pommes de terre, patates, etc., qui alimentent, pendant trois mois, les marchés de

Paris, des principales villes de France, et même de certains pays étrangers, notamment l'Angleterre.

L'Algérie s'est enrichie depuis quelques années d'un grand nombre de tubercules alimentaires, originaires des contrées les plus favorisées du globe. Ces tubercules sont entrés dans la colonie en passant par le Jardin d'acclimatation d'Alger où ils ont d'abord été introduits par les soins de son savant et habile directeur. De là ils se sont répandus dans les cultures européennes et indigènes. Le climat de l'Algérie permet de les planter à l'automne et de les récolter au printemps. On conçoit quelle précieuse ressource cette production peut devenir pour la France où, à cette époque, les racines farineuses nouvelles font à peu près défaut, ou se vendent à des prix excessifs. C'est là encore une autre industrie à ajouter à celle qui exploite les légumes frais.

§ 2. *Fruits.*

Tous les fruits de l'Europe méridionale et la plupart de ceux de la zone tropicale prospèrent en Algérie. Parmi ces fruits celui qui jouit de la plus grande réputation est l'orange, fruit de l'oranger (*citrus aurantium*).

L'*oranger* croît sur tous les points de la colonie qui n'ont pas plus de 600 mètres d'altitude, surtout dans les lieux abrités; ils y acquièrent les qualités les plus parfaites de goût et d'arome pour peu qu'ils soient convenablement cultivés.

La culture des oranges comprend, outre le fruit de ce nom, le citron, dont le limon est une variété, le cédrat, la pamplemousse, le poncire. Parmi les orangers, on compte de nombreuses variétés dont les plus connues sont: le portugal, le chinois, la mandarine dont l'introduction est récente, mais qui s'est déjà largement multipliée, la bigarade, orange amère essentiellement propre à faire de l'eau de fleurs d'oranger, la bergamote, la melarose, etc.

Les oranges, citrons et autres fruits de la même famille deviennent, d'année en année, un article d'exportation plus important. De 1864 à 1865, les progrès de la culture et du commerce s'expriment par les chiffres suivants:

	1864	1865
	—	—
Nombre des planteurs.	2313	3095
Nombre des arbres en rapport. .	110711	130411
Nombre des jeunes arbres.	47457	72447
Quantités de fruits exportés. . . .	13512625	14285580

Le nombre des planteurs européens est de 728; il s'est accru de 86 en 1865. Le nombre des planteurs indigènes est de 2358, soit une augmentation de 697 en 1865.

Les Européens possèdent 127686 pieds d'arbres en rapport ou non; ils ont exporté, en 1865, 9932700 fruits. Les indigènes possèdent 75172 pieds d'arbres dont ils ont exporté 4352880 fruits.

La province d'Alger renferme sensiblement plus d'orangeries que les deux autres, et Blidah est le principal centre de cette production; les orangeries forment autour de cette ville une ceinture toujours verte de plus de 200 hectares.

Le *dattier* (*phœnix dactylifera*, L.) est l'arbre des régions sahariennes, dit M. Hardy. Sa constitution, son tempérament, ses habitudes semblent parfaitement appropriés aux exigences particulières du climat africain qui est principalement caractérisé par la rareté des pluies et par des écarts considérables de température. Son fruit, sous le nom de datte, est la base de la nourriture des peuplades nomades ou sédentaires, de race blanche ou noire, qui sont disséminées dans ces immenses contrées.

La région des Zibans, au sud de la province de Constantine, est le point de l'Algérie où la culture du dattier occupe le plus de surface, où elle est pratiquée avec plus de soin, et où ses produits réunissent les meilleures qualités. Cette région comprend 19 oasis dont Biskra est la principale. Laghouat, dans la province d'Alger, est un autre centre de production.

Outre les dattes destinées à la consommation régulière du pays, on récolte encore des dattes de luxe qui sont préparées avec des soins spéciaux pour l'exportation et qui se vendent plus cher. Quelques marchands, M. Thelou, de Paris, notamment, ont donné, depuis deux ou trois ans, une véritable importance à cette industrie, en allant, chaque année, préparer, sur place, au moyen des procédés les plus perfectionnés, des quantités considérables de dattes qu'ils écoulent ensuite en France, où ces fruits remplacent avec avantage ceux que le commerce tirait précédemment de Tunis et d'Égypte.

Le dattier, cultivé et observé depuis un temps immémorial, n'a pas produit entre les mains des indigènes moins de variétés que nos arbres fruitiers les plus soignés. On ne compte pas moins de 90 variétés de dattes dans les Zibans.

Le dattier offre encore d'autres ressources utilisées par les indigènes. On extrait du vin qui a un certain mérite ; les bourgeons forment un mets très-goûté des indigènes ; enfin diverses parties de l'arbre sont employées dans l'édification des habitations.

On sait que c'est surtout à l'irrigation des palmiers-dattiers que servent les puits artésiens qui existent dans le désert et dont le nombre s'accroît constamment, grâce aux forages nombreux qui se pratiquent incessamment sous la direction de l'administration française.

Fruits divers. Parmi les autres fruits étrangers à l'Europe ou qui n'y sont cultivés que dans les serres, il faut noter la banane (*musa sinensis* ou *paradisiaca*), la nèfle du Japon (*ceriobotrya japonica*), la goyave (*psydium pyriferum, cattleyanum et sinense*), la poire d'avocat (*persea gratissima*), le cherimolia (*anona cherimolia*), et beaucoup d'autres fruits délicieux, la plupart d'introduction nouvelle dans le pays et qui viendront sans doute avant peu se montrer sur les marchés de la métropole.

Il ne faut pas oublier non plus certains fruits indigènes qui, pour être moins rares et moins savoureux, ne sont pas sans quelque mérite. Tels sont : l'arbouse, fruit de l'*arbutus unedo;* l'azerole, fruit du *mesphylus azarolus;* le caroube, fruit du *ceratonia siliqua;* le jujube, fruit du *zizyphus sativa;* la pistache, fruit du *pistacia vera;* la figue de Barbarie, fruit de plusieurs variétés d'*opuntia*, et quelques autres qu'il serait trop long de mentionner ici.

Quant aux fruits ordinairement cultivés en France, comme l'abricot, l'amande, la cerise, la figue, la pêche, les fraises, le raisin, etc., ils mûrissent deux mois plus tôt qu'en France, circonstance qui permet de les présenter comme primeurs, et leur assure ainsi des débouchés importants et avantageux.

EXPOSANTS.

Abram (Rév. P.), directeur de l'Orphelinat de Misserghin (prov. d'Oran).

Fèves, gesses, pois chiches, haricots de Soissons, haricots de Maïorque, haricots jaunes de Suisse, haricots de Prague, haricots de Siera, haricots coco.

Ahmed ben Djelloul, caïd des Zatima (prov. d'Alger).

Noix, raisins secs, figues.

Ahmed ou el Djoudi des Beni Djelil (prov. de Constantine).

Figues sèches.

Ahmed ben Hamimi, cheikh du Ouad El Hadj-Setif (prov. de Constantine).

Figues sèches.

Ahmed bel Kadi, caïd de Batna (prov. de Constantine).

Raisin sec, figues sèches, abricots secs (Mechmacha).

Ali ben Silin cheikh de Korri ou Akli (prov. de Constantine).

Figues sèches.

Ali-ou-Kassi (le caïd), à Tizi Ouzou (prov. d'Alger).

Figues sèches.

Arbi ben El Hadj el Arbi, mezzouar de Tazbit-Setif (prov. de Constantine).

Figues sèches.

Baronnat (Pierre), à Constantine.

Dattes amraïa de Biskra, récolte de 1866; dattes rars de Tuggurth, récolte de 1866; spath où se développe la fleur qui sert à féconder les fleurs du palmier femelle; feuilles de palmier; dattes Deglet En Nour de Sidi Okba; dattes archti de Biskra; dattes Korch el Amar; dattes Kintichi Deglet; dattes Rars.

Beauville (Pierre), au fort Napoléon (prov. d'Alger).

Figues de Kabylie.

Bel Kassem ben Bala, des Mzita-Babors (prov. de Constantine).

Figues sèches.

Berthon (Jean-Pierre), à Tizi Ouzou (prov. d'Alger).

Légumes.

Bouchet (Lucien), à Duzerville (prov. de Constantine).

Pois chiches.

Bou Ghedine ben Merhoun, caïd des Bou Bou Attafs (prov. d'Alger).

Glands doux, figues sèches.

Bou Medine El Hadj Boikab Brixi, à Tlemcen (prov. d'Oran).

Figues sèches, oignons.

Bruyas (François), à Condé-Smendou (prov. de Constantine).
Pois pointus.

Buffet (Auguste), à Souq-Ahras (prov. de Constantine).
Poires, pommes.

Burmans-Bey, caïd du Souf (prov. de Constantine).
Dattes du Souf : Deglet Euch, Mesoua, Beddara, Doufer el Gath, El Adjina, Faïl Akseba, Ahlela, El Kenta, Hedldja, Zentit el Maza, Moua-Amraïl, Dekel.

Cercle de Tizi Ouzou (prov. d'Alger).
Glands doux, caroubes sèches.

Chuffart (Louis), à Oued El Halleug (prov. d'Alger).
Patates.

Comice agricole de Constantine.
Fèves, pois chiches, pois verts, lentilles, haricots d'Espagne, haricots jaspés.

Commandant supérieur de Laghouat (prov. d'Alger).
Dattes de la contrée : Tedlat, Temsourat, Djerida Bibali, Temeherat, El Rars, El Touadjat, Deglet-en Nour, Teziraouat, Tezouïr.

Compagnie française *des cotons et produits agricoles algériens. A. du Mesgnil*, administrateur-directeur.
Patates récoltées à Boufarik.

Cordier (A. et P.), à la Rassanta (prov. d'Alger).
Haricots variés.

Dahmani ben si abd Er Rahman, cheikh des Merdès de Bône (prov. de Constantine).
Pois chiches.

Daudrieu (Charles), à Arcole (prov. d'Oran).
Pois chiches.

Derradji ben Souïki, caïd de Milah (prov. de Constantine).
Oranges, citrons, limons.

Desaitre (Mme), à Tlemcen (prov. d'Oran).
Haricots, riz, lentilles.

Dubourg (Pierre-Prosper), à Hippone-Bône (prov. de Constantine).
Oranges variées, citrons variés, pamplemouse-chadec, fèves.

Foacier de Ruzé et Samson, au Bou Merzoug (prov. de Constantine).
Pois chiches, graines de betteraves, fèves noires, féveroles, demi-fèves, pois ronds hâtifs.

Fontaine (Paul-Edmond), à Blidah (prov. d'Alger).
Patates, 18 variétés ; pommes de terre, 4 variétés.

Fouet (Mme veuve), à Saint-Charles (prov. de Constantine).
Pois chiches; pois verts; fèves; haricots.

François (Auguste), à Blidah (prov. d'Alger).
Oranges; citrons; cédrats; poncires; mandarines; chinois.

Francoz (Antoine), à Souq-Ahras (prov. de Constantine).

Haricots flageolets.

Gassiot (Emmanuel), à Bône (prov. de Constantine).

Citrons.

Général commandant la subdivision de Tlemcen (prov. d'Oran).

Dattes recueillies dans le cercle de Sebdou.
Dattes : Tindar; Admama; El Rars; El Feggouss; Kerkouba; Rothbia; E Kholt; Adjina.

Goby (Frédéric), à Berbessa (prov. d'Alger).

Haricots de Lima à ombilic violet, 1866; *idem* blancs; patates rouges; chayottes.

Grima (François), à Philippeville (prov. de Constantine).

Petits pois; haricots; amandes; pois chiches; lentilles; fèves.

Grima et Saïd, à Souq Ahras (prov. de Constantine).

Lentilles 1866.

Groggia (Mme Hélène), à Alger.

Tomates conservées à l'état naturel.

Guieysse (Célestin), à l'Alma (prov. d'Alger).

Légumes secs.

Guyonnet (Jean-Marie), à Assi-bou-Nif (prov. d'Oran).

Pois chiches.

Hartmann (Joseph), à Gastonville (prov. de Constantine).

Fèves de marais; haricots blancs; *idem*, printaniers; pommes de terre 1866; *idem*, semaille de septembre.

Hédiart, 13, rue Notre-Dame-de-Lorette, Paris.

Fruits et légumes d'Algérie, conservés.

Jammes (Gilles), à Biskra (prov. de Constantine).

Fèves.

Kouider (Hadj), ben Toumi, caïd des Braz-Kobaïles Miliana (prov. d'Alger)

Figues.

Léger (Louis), à Ponteba (prov. d'Alger).

Lentilles grosses et petites.

Leroy (Charles), à Kouba (prov. d'Alger).

Patates, 8 variétés : ronde blanche; igname blanche; rose de Malaga; ronde jaune; rose grise; d'Aïn-Taya, etc. Pommes de terre, 80 variétés.

Leturc (Édouard-Pierre), entrepreneur général de la maison de Lambèse, à Marcouna (prov. de Constantine).

Haricots, 14 variétés; lentilles; pois, 6 variétés.

Lutzow (Frédéric baron de), à Bône (prov. de Constantine).

Fèves; pois chiches.

Mahmed Allal, à Tizi-Ouzou (prov. d'Alger).

Haricots-dolic.

Mansour ou **Bazis** des Guifser, Bougie (prov. de Constantine).

Raisins secs.

Martinez (Manuel), à Sidi bel Abbès (prov. d'Oran).

Figues sèches tapées; amandes douces.

Merle frères, fermiers de M. Nicolas, à Sidi Hameïda, Bône (prov. de Constantine).

Haricots-dolic-mangette; pois gris variété indigène; pois chiches.

Mohammed ben Ameur, cheikh des O-Ahmed-Setif (prov. de Constantine).

Raisins secs.

Mohammed Amzian, de Minna (prov. de Constantine).

Raisins secs.

Mohammed Amzian ou **Guenouah,** mezzouar de Tiaouinem-Bougie (prov. de Constantine).

Raisins secs.

Mohammed (Hadj) ou **Braham** du Chenoua (prov. d'Alger).

Figues de la contrée.

Mohammed (Hadj) ben chérif, caïd des Bou-Melouan-Miliana (prov. d'Alger).

Fèves; pois chiches.

Mohammed ou **Kassi,** den Beni Bou Messaoud (prov. de Constantine).

Caroubes.

Mohammed bou Khefache, de Touna-Setif (prov. de Constantine).

Figues sèches.

Mohammed ben Omar Pacha, caïd des Beni Bou Douan (prov. d'Alger).

Figues sèches en pain.

Mohammed Seghir ben Ganah, caïd de Biskra (prov. de Constantine).

Dattes des Zibans; Deglet En Nour; El Herra; El Haloua; Zamort Krimoun; Deglet ben Ameur; Deglet Debab; El Achaïa; El Messarfi; Halouet Kaddour; Deguelet El Beïda; El Mekentechi; Ez-Zouzia; Doua el Hasoud; Si El Horri; Deglet fathoum; Bou Zerrou; Guessab Halou; El Hamerrï; El Aretchi; Chetlouïa; Chedakka; Tsouri: Afrouz ez Zouz; Essokria; Senan El Meftah; Nouabl Horra; Tarbaga; Larb el Henouta; Er Rabbaba; Bou Halès; Tati bent Noua.

Nicolas (Frédéric), propriétaire à Guebar Bou Aoûn, Bône (prov. de Constantine).

Fèves; coings de Chine; oranges, 4 variétés; citrons, 3 variétés; mandarines, 3 variétés; fèves; haricots; pois pointus; pommes de terre chardon; figues sèches.

Orphelinat de Bône (sœur *Saint-Bernard,* directrice), (prov. de Constantine).

Pois chiches; lentilles.

Pépinière de Biskra (*Béchu,* jardinier en chef), (prov. de Constantine).

Dattes sèches (Iabès), de la province de Constantine. 137 variétés; la maturité des dattes se manifeste, suivant l'espèce, du 15 août au 15 octobre.

Haricots, 2 variétés; *hibiscus-esculentus* (Gombo des nègres) ; fèves; *corchorius olitorius* (feuilles alimentaires).

Piédnoir (François), à Miliana (prov. d'Alger).

Pommes de terre, première et deuxième récoltes.

Raveaud (Émiland-Louis-César), à Sidi Bel Abbès (prov. d'Oran).

Haricots, 2 variétés; lentilles vertes; piments forts; pois chiches; pommes de terre, 6 variétés.

Royer Legrand, à Souq Ahras (prov. de Constantine).

Cerises en conserves.

Sadok ben El Arbi, à Tizi Ouzou (prov. d'Alger).

Raisins secs; noix.

Saïd ben Messaoud der Barbacha, de Bougie (prov. de Constantine).

Figues sèches.

Schneider (Charles), à Misserghin (prov. d'Oran).

Amandes des Dames.

Seliman ben Hamouch, cheikh d'El-Arach-Setif (prov. de Constantine).

Figues sèches.

Thelou, rue de Rivoli, n° 166, à Paris.

Dattes; fruits et légumes divers d'Algérie.

Trappe de Statouëli (prov. d'Alger).

Amandes princesse.

Union agricole d'Afrique, à Saint-Denis-du-Sig (prov. d'Oran).

Grenades.

Vié (Jean-Baptiste), à Ksar el Kelel (prov. de Constantine).

Graine de choux-fleurs.

CLASSE 72.

CONDIMENTS ET STIMULANTS, SUCRES ET PRODUITS DE LA CONFISERIE.

EXPOSANTS.

Abram (Rév. P.), directeur de l'Orphelinat de Misserghin (prov. d'Oran).

Câpres; gelée de coings de France; *id.* de Chine.

Aly Bey, caïd de Tuggurth (prov. de Constantine).

Thé de l'Aurès.

Ali ou **Ameur**, des Beni Mansour-Bougie (prov. de Constantine).

Poivre arabe (*felfel*), 2 fr. 50 c. le kilog.

Bachir ou **Kabba,** des Beni Bou-Djelil (prov. de Constantine).
Thé des Bibans.

Baronnat (Pierre), à Constantine.
Gelée de dattes; sirop de dattes; liqueur de dattes (*lagmi*).

Chaullier (Isidore), à Alger.
Vinaigre rouge et blanc, à 40 c. le litre.

Courvoisier (Benjamin), à Alger.
Vinaigre rouge et blanc.

Jardin d'acclimatation d'Alger (Hardy, directeur).
Sucre de cannes.

Leroy (Charles), à Kouba (prov. d'Alger).
Piment en pied.

Leturc (Édouard-Pierre), entrepreneur de la maison de Lambèse, à Marcouna (prov. de Constantine).
Conserve de tomates; confiture de pastèques; abricots et pêches en conserves.

Mohammed Seghir ben Abd Er Rahman, hakem de Biskra (prov. de Constantine).
Poivre rouge des Arabes; poivre noir; piment.

Orphelinat de Bône (sœur *Saint-Bernard*, directrice), (prov. de Constantine).
Conserves à l'alcool: goyaves; prunes reine Claude; nèfles du Japon; oranges; mandarines.

Pépinière de Biskra (*Béchu*, jardinier en chef), (prov. de Constantine).
Capsicum annuum; poivre des Arabes (*felfel*); goyaves et papayes conservées dans l'alcool.

Quervet (Adolphe), à Mostaganem (prov. d'Oran).
Chayottes en conserve.

Raveaud (Ém. L. C.), à Sidi-Bel-Abbès (prov. d'Oran
Vinaigre.

Service des mines de la province d'Oran.
Sel fin d'Arzew, première qualité.

CLASSE 73.

BOISSONS FERMENTÉES.

La vigne prospère dans toute l'étendue de l'Algérie; on la trouve sur le littoral et sa culture atteint les oasis du Sahara. Avant la conquête, la vigne était l'objet de certains soins de la part des indigènes; ceux qui avaient des demeures fixes possédaient des treilles sur lesquelles ils récoltaient du raisin, qu'ils consommaient en grappes à l'état frais ou sec. Dellys jouissait alors d'une certaine réputation sous ce rapport, et aujourd'hui encore le produit de ses vignes s'exporte au loin. Le raisin de Dellys, qu'on rencontre également sur d'autres points, a des grains oblongs, blancs, transparents, sans pepins; il est très-sucré et d'un goût délicat.

L'usage du vin étant interdit par le Coran, les musulmans ne fabriquaient pas de vin ; le raisin qu'ils produisaient était d'ailleurs impropre à cette fabrication. Dès les débuts de la colonisation, les cultivateurs européens introduisirent des plants tirés de France. La réussite fut complète ; les ceps se développèrent avec une merveilleuse vigueur. Malheureusement les colons étaient pour la plupart étrangers à ce genre de production, ils n'avaient la connaissance ni du sol sur lequel ils opéraient, ni des cépages employés, ni du mode de plantation et de taille. De là un choix peu rationnel des cépages plantés, un mélange fâcheux de plants de toutes provenances, une culture mal réglée. Ils ignoraient plus complétement encore les procédés de fabrication, c'est-à-dire le pressurage du raisin, la fermentation du jus, le cuvage des parties vineuses et leur mise en fût dans des conditions convenables. Il faut ajouter qu'ils ne possédaient pas toujours le matériel nécessaire à ce genre d'industrie. Aussi, le plus souvent, faute de caves, ils étaient obligés d'établir leur fermentation au dehors, à l'air libre, alors que le thermomètre marquait 30 à 35° à l'ombre.

Dans de pareilles conditions, les vins devaient manquer de qualité. C'est en effet ce qui est arrivé. Mais depuis quelque temps, des progrès assez sensibles se sont accomplis, les plantations ont été expurgées des cépages de mauvaise nature qu'elles renfermaient, les procédés de culture se sont améliorés; il en a été de même du mode de fabrication et de l'outillage. Le moment semble donc arrivé où les vins de l'Algérie vont prendre rang dans la production. Les viticulteurs français n'ont pas toutefois à s'inquiéter de ces progrès, attendu que les vins algériens, analogues à ceux de l'Espagne méridionale, vins de dessert et de liqueur, ne peuvent qu'incomplétement remplacer, comme vins de table, ceux de la métropole. Ils pourront, au contraire, entrer dans un courant d'échanges fructueux pour les deux pays.

Les plantations de vigne embrassaient, en 1864, une étendue de 9715 hectares ; elles étaient, en 1865, de 10 897 hectares, répartis comme il suit entre les trois provinces :

Alger	5132 hectares.
Oran	4221
Constantine	1544
Total égal.	10 897

Sur ces étendues, 3000 hectares environ appartiennent à des cultivateurs indigènes dont la récolte a été consommée en grappes. Les Européens ont produit à peu près 70 000 hectolitres de vin dont 12 000 hectolitres de vin blanc.

La distillation a également suivi une marche progressive ; elle constitue déjà une branche importante de l'industrie locale. Dans ce genre de fabrication, les alcools de raisin occupent nécessairement la première place. Viennent ensuite les alcools de sorgho sucré, de caroube, de jujube, de figues douces et de figues de barbarie, d'asphodile, etc. : végétaux qui, pour la plupart, sont des produits naturels du sol, et offrent dès lors un champ illimité à l'exploitation.

Cette abondance de végétaux à principes sucrés permet de préparer des liqueurs d'un goût parfait. Diverses fabriques se sont fait sous ce rapport une réputation très-bien établie dans la colonie et qui s'est même répandue en France.

Le commerce des vins et des liqueurs est assez répandu dans la province d'Oran. Les établissements les plus importants sont ceux de MM. Navarro y Mira; Kremer (Nicolas); Gaussens (François); Carcano (Baptiste); Rebuffal (Hyacinthe); Emeral (Paul); Guirau Dominique); Salas (Thomas); Coddel (Jean); Galibert (Auguste); Huc (Jean), commerce des liqueurs en gros; Saint-Pierre (Alphonse); Theus (Auguste); Malarel (Antoine); Pothier (Honoré), à Oran.

Sala (Francisco), à Ain Temouchent.

Boisset, débitant de boissons à Mascara.

Thiel et Chartroux, liquoristes; Mariano (Rodrigue); Thiel; Martinolle, à Mostaganem.

Morteo (Clément), à Nemours.

Gerbaud (Léon), à Relizane.

Abriat; Nolinier, à Saint-Denis du Sig.

Pastorino (Jean); Wrolyk (Charles); Lancou (Prosper); Clausel (Ambroise), à Sidi-Bel-Abbès.

Robinet; Castillon; Maure fils; Lantournerie; veuve Guillaume; Sainte-Germes; Trinquier; Couret; Hedderich; Sassoun Medioni; Macklou Illous; Chaloum el Koubi; Mouchi Boumendil, à Tlemcen; ces quatre derniers vendent des vins pour israélites fabriqués selon la loi.

Dans la province de Constantine, il faut citer les établissements de MM. Leinen frères qui font un grand commerce de bière; Kablé Girard (Édouard); André (Joseph), à Constantine.

Toche frères; Battandier et Laugier; Gilli; Couret et Cie; Picon; Charmarty, à Bône.

Grima (François); Bruno et Cie; Senes aîné; Herrouet; Abadie; Picon (Gaetan), à Philippeville.

EXPOSANTS.

Abram (Rév. P.), directeur de l'Orphelinat de Misserghin (prov. d'Oran).
Vin blanc.

Achiari (Pierre), à Cherchell (prov. d'Alger).
Vin rouge 1864.

Adam (Jean-Pierre), à Mouzaïaville (prov. d'Alger).
Vin rouge 1860, 1863.

Allemand (Joseph), à Miliana (prov. d'Alger).
Vin rouge 1856, 1858, 1860, 1862, 1864, 1865, 1866. — Vin blanc 1860, 1861, 1862, 1863, 1865, 1866.

Arnaud (Claude), à Marengo (prov. d'Alger).
Vin rouge 1863, 1866.

Arnaud (Marius), à Batna (prov. de Constantine).

Vin de Ferdis 1864.

Aubert (Pierre) et **Thevot** (Jean-Baptiste), à Alger.

Vins de 1864, 1865, 1866.

Bages (Romain), à Dra El Mizan (prov. d'Alger).

Vin blanc 1866.

Balard (Joseph), à Medea (prov. d'Alger).

Vin blanc 1864, 1865, 1866; vin blanc doux 1866.

Barnoin (Cyprien), à Constantine.

Vin rouge 1864; vin blanc 1864.

Beauvais (Michel-Eugène), à Marengo (prov. d'Alger).

Vins et liqueurs.

Beauville (Pierre), au Fort-Napoléon (prov. d'Alger).

Vin blanc 1864; vin rouge 1865.

Benazech (Paul), à Valmy (prov. d'Oran).

Vin rouge 1866.

Bernard (Jean-François), à Mangin (prov. d'Oran).

Vin rouge 1866.

Blanc (François), à Bougie (prov. de Constantine).

Vin rouge 1864, 1866; vin blanc 1864, 1865.

Bordas (Michel), à Rivoli (prov. d'Oran).

Vin rouge 1865; vin blanc 1865.

Botella (Miguel), à Aïn et Turck (prov. d'Oran).

Vin de Malaga 1863, 1866.

Botton (Guillaume), à Novi (prov. d'Alger).

Vin rouge 1865.

Bouchet (François), à Guelma (prov. de Constantine.

Vin rouge 1866.

Boudet (Jean), à El Hadjar (prov. de Constantine.

Vin fin Malaga 1865, 1866; vin fin d'Alicante 1865, 1866; vin muscat; vin blanc clairet 1865; vin ordinaire clair 1866; vin blanc sec.

Bourdais (François), à Constantine).

Vin rouge 1864, 1865; vin blanc 1864, 1865; vin blanc doux 1865; vin blanc sec 1866.

Boyron (le docteur), à Oran.

Vins rouge et blanc 1866.

Braud (Charles), à Dra El Mizan (prov. d'Alger).

Vins rouge et blanc 1866.

Brocard (Mme veuve), 43, rue Saint-Maur-Saint-Germain.
Oued-allah, liqueur algérienne.

Brouillard (Louis), à Mangin (prov. d'Oran).
Vin rouge 1865, 1866; vin gris 1866.

Brousse (Paul), à Novi (prov. d'Alger).
Vins rouge et blanc 1866.

Burgaz frères, à Souq Ahras (prov. de Constantine).
Eau-de-vie 1866.

Cabassot frères, à Mascara (prov. d'Oran).
Vins de liqueur 1864; vin rouge 1864; vin blanc 1864; eau-de-vie 1866.

Canu (Amédée), à Coléah (prov. d'Alger).
Vin rouge 1866; vin blanc 1866.

Caritey (Sylvestre), à Mascara (prov. d'Oran).
Vin rouge 1865, 1866.

Castagliola (Joseph), à Médéa (prov. d'Alger).
Propriété de 1200 hectares dont 4 hectares de vigne en rapport.
Vins rouge et blanc.

Charmarty (Martial), distillateur à Bône (prov. de Constantine).
Élixir d'Hippone.

Chevreau (François), à Ponteba (prov. d'Alger).
Eau-de-vie de marc.

Chirouze (Laurent), à Saint-Cloud (prov. d'Oran).
Vin rouge 1866; vin rouge 1866 cuvé à la grappe.
Vin blanc 1865.

Christ (Jean-Henri), à Ponteba (prov. d'Alger).
Vin rouge 1866.

Clément (Adolphe), à Souq-Ahras (prov. de Constantine).
Vin rouge 1866.

Cogner (Jean-Hubert), à Valmy (prov. d'Oran).
Vins rouge et blanc 1866.

Cotteret (Marcelin), à Ponteba (prov. d'Alger).
Vin rouge 1866.

Currat et **Bordes**, à Philippeville (prov. de Constantine).
Vin rouge 1866.

Dallemer (Christian), à Dra el Mizan (prov. d'Ager).
Vins rouge et blanc.

Daudrieu (Charles), à Arcole (prov. d'Oran).
Vin rouge 1866.

Deblock (Hippolyte), à Montenotte (prov. d'Alger).
Vin rouge Bourgogne 1866.

Deloupy (André), à Saint-Denis du Sig (prov. d'Oran).
Vin rouge 1864-1865.

Desaitre (Mme), à Tlemcen (prov. d'Oran).
Eau de noix naturelle 1866; eau de noix 1866.
Sirop de cerises 1866; eau de coing 1866; cassis 1866.

Deyron (Michel), à Souq-Ahras (prov. de Constantine).
Vin rouge 1863; vin blanc 1863.

Dubourg (Pierre-Prosper), à Hippone-Bône (prov. de Constantine).
Vin rouge 1865-1866.

Dufour (Louis-Emmanuel), à Bougie (prov. de Constantine).
Vins blanc et rouge 1864-1865.

Estienne et **Lorquin**, à Bône (prov. de Constantine).
Bittermuth; élixir d'Hippone; amer algérien.

Fabre (Alexandre), à Bône.
Vin rouge de Mers-Baa, 1865, 1866.

Figarol (Jacques), à Valmy (prov. d'Oran).
Vin rouge, 1865.

Fleur (Victor), à Damiette (prov. d'Alger.
Vin rouge 1863, 1864; vin blanc 1859, 1861, 1862, 1864, 1865.

Fleurieu (de) et **Saint-Victor** (de), à Birkhadem (prov. d'Alger).
Vin rouge 1864, 1866.

Forget (Charles), à Ponteba (prov. d'Alger).
Vin rouge 1866.

Fournier et **Cie**, à Philippeville (prov. de Constantine).
Alcool de grains.

Gaillard (Joseph-Pierre), à Sidi Chami (prov. d'Oran).
Vin rouge 1865, 1866.

Garro (Modeste), à Alger.
Vin de Zakkar blanc et rouge, 1864, 1865.

Geaud (Jules), à Médéah (prov. d'Alger).
Vin rouge, 1861, 1862.

Giraud (Barthélemy), à Souq-Ahras (prov. de Constantine)
Vin blanc 1865; vin rouge 1865.

Giuliani (Achille), à Oran.
Vin rouge 1866; eau-de-vie de vin, 1866; eau-de-vie de cactus, 1866; eau-de-vie de marc, 1866.

Goëtz (Gaspard-Louis), à Lodi-Médéah (prov. d'Alger).
Vin rouge paille 1865; vin blanc paille 1864; eau-de-vie.

Grabut (Hippolyte), à Ponteba (prov. d'Alger).
Vin rouge 1866.

Granier, à Mouzaïaville (prov. d'Alger).
Vin blanc.

Grima (François), à Philippeville (prov. de Constantine).
Vin blanc 1865; vin rouge 1866; vin rouge 1864.

Grima (Joseph), à Philippeville (prov. de Constantine).
Vin rouge 1865.

Grisard (Grégoire), au Hamma (prov. d'Alger).
Vin muscat de Chélif.

Guenot, à Montenotte (prov. d'Alger).
Vin rouge 1866.

Guieysse (Célestin), à l'Alma (prov. d'Alger).
Vins.

Guyard (Louis), à Philippeville (prov. de Constantine).
Vin rouge 1864-1865; vin rosé 1865-1866.

Guyonnet (Jean-Marie), à Assi bon Nif (prov. d'Oran).
Vin rouge 1866.

Hamaouy (Joseph), à Bône (prov. de Constantine).
Vin rouge 1864-1865.

Hanon (Henri-Joseph), à Boufarik (prov. d'Alger).
Vin rouge; eau-de-vie.

Hardy (Louis), à Novi (prov. d'Alger).
Vin rouge 1864, 1865, 1866.

Haudoin (d') d'Euilly, à Saint-Denis du Sig (prov. d'Oran).
Vin blanc 1862.

Herrouet (Joseph), à Philippeville (prov. de Constantine).
Bittermuth.

Hubert (Frédéric), à Ponteba (prov. d'Alger).
Vin rouge 1864-1865.

Humbert (Charles-Marie), à Bouinam-Boufarik (prov. d'Alger).
Propriété de 160 hectares, dont 27 hectares en vignoble, 4 cuves, pressoir, etc.
Vin rouge plant fin Bourgogne, 1865-1866; vin rouge Médoc et Bourgogne, 1865; vin, plant vin rouge Bordelais, 1866; vin Bourgogne 1864-1865-1866.

Humbert (Nicolas), à Novi (prov. d'Alger).
Vin gris 1866.

Hummel frères, brasseurs à Mostaganem (prov. d'Oran).
Bières.

Izart (Clémentin), à Novi (prov. d'Alger).
Vin rouge 1865.

Jann-Lan, à Alger.
Vin rouge 1864-1865.

Jardin d'acclimatation d'Alger (Hardy, directeur).
Rhum de Cannes.

Joannon, à Bône (prov. de Constantine).
Vin blanc 1866; alcool de vin.

Jupeaux (Victor Taillevis, de), à Valmy (prov. d'Oran).
Viticulture, 107 hectares; création de 1848.
Vin rouge grenache, 1864.

Kellermann (Henri), à Dra El Mizan (prov. d'Alger).
Vin rouge 1865.

Labarrère (Eugène), à Lambèse (prov. de Constantine).
Vin rouge, 1865; vin rouge pinot, 1865-1866; vin rouge gamay, 1865-1866; vin blanc, 1866.

Lallemand (Casimir), d'Aïn Tedlès (prov. d'Oran).
Vin blanc 1864.

Lambert (Victor), à Blidah (prov. d'Alger).
Vin rouge 1864-1865-1866.

Laperlier (Laurent), à Mustapha-Supérieur (prov. d'Alger).
Eau-de-vie de figues fraîches; vin blanc, 1865; vin rouge, 1865-1866.

Léger (Étienne), à Ponteba (prov. d'Alger.)
Eau-de vie de marc.

Leguay (Louis), à Coléah) (prov. d'Alger).
Vin rouge 1866; vin blanc, 1866.

Lemonnier (Eugène), à Coléah (prov. d'Alger).
Vins rouge et blanc 1866.

Lepiney (Eugène), à Thiberarine-Médéah (prov. d'Alger).
Vignoble de 25 hectares; verger de 5 hectares; forêt 50 hectares, création de 1848.
Vin rouge de Thiberarine 1864-1865; vin blanc idem, 1863-1864.

Lesueur (Alexandre), à Fleurus (prov. d'Oran).
Vin rouge 1866.

Levêque (Michel), à Blidah (prov. d'Alger).
Vin rouge 1866.

Lion (Jean-Baptiste), à Novi (prov. d'Alger).
Vins blanc et rouge 1864.

Lombard (Joseph), à Bréa (prov. d'Oran).
Vin blanc.

Longhi (Louis), à Aïn el Turck (prov. d'Oran).
Vin rouge 1865, 1866.

Luisin (Désiré), à Saint-Cloud (prov. d'Oran).
Vin rouge 1864, 1865, 1866.

Malfettes (Jean-Baptiste), à Novi (prov. d'Alger).
Vin rouge 1866; grenache.

Marchal (Didier), à la Bouzaréah (prov. d'Alger).
Vin malvoisie 1866.

Martel (Auguste), à Pélissier (prov. d'Oran).
Vin rouge 1864, 1865, 1866.

Martinez (Manuel), à Sidi bel Abbès (prov. d'Oran).
Vins blanc et rouge.

Mascioni (Laurent), à Dalmatie (prov. d'Alger).
Vin blanc 1865.

Mazet et **Tachet**, à Alger.
Commerce de vins et liqueurs; eaux gazeuses, etc.; fabrique créée en 1844; succursale à Cette (Hérault).
Vin rouge Sainte-Estève, importé 1858; vin blanc de Miliana 1861 et 1865; Marsala blanc; muscat Frontignan 1855; eau-de-vie très-vieille; eau-de-vie de marc; rhum de la Jamaïque importé; curaçao écorce d'orange d'Afrique; anisette, façon Bordeaux.

Merle frères, à Philippeville (prov. de Constantine).
Vin rouge 1863.

Mohammed Seghir ben Ganah, caïd de Biskra (prov. de Constantine).
Vin de palmier (*Lagmi*).

Mondelle (Blaise), à Douera (prov. d'Alger).
Vin rouge 1863-1865; vin blanc malvoisie 1864, 1865; muscat 1865.

Montariol (Adolphe), à Medjez Amar (prov. de Constantine).
Vin rouge.

Moreau (Prosper), à Chellala Pacha (prov. de Constantine).
Vins rouges de Nuits et de Cette.

Nicolas (Frédéric), propriétaire à Guebar bou Aoûn-Bône (prov. de Constantine).
Vins rouge et blanc 1865, 1866; eau-de-vie de vin; eau-de-vie de marc; Alcool de marc; phlegme de sorgho sucré et de figues de Barbarie; alcool de vin.

Orphelinat de Souq Ahras (l'abbé Gatheron, directeur), (prov. de Constantine).
Vin blanc 1865; vin rouge 1866; vin gris 1866; jus de groseilles; cassis; verveine liqueur.

Pelletier (Jean-Antoine-Marie), à Dellys (prov. d'Alger).
Vin grenache 1864.

Perez (Antonio), à Mascara (prov. d'Oran).

Vin blanc 1856, 1857; vin blanc sec 1864; vin rouge 1863.

Picon (Gaëtan), distillateur à Philippeville (prov. de Constantine).

Établissement fondé en 1838; appareils à vapeur; trois alambics; trois feux, etc. Liqueur africaine; amer algérien.

Piednoir (François), à Milianah (prov. d'Alger).

Vin rouge 1866.

Pieix (Jean), à Médéah (prov. d'Alger).

Vin blanc 1864.

Pierre (Louis-Éloi), à Chéragas (prov. d'Alger).

Vin rouge 1865.

Plasse et **Chavany**, à Lyon,

Liqueur Bel-Abbesienne, 9 fr. 50; El Achsaïba, 8 fr. 50; Mograr 8 fr.; Necter, 7 fr. 50.

Ramoger (Édouard), à Misserghin (prov. d'Oran).

Vin rouge 1863.

Raveaud (Émil. L. C.), à Sidi bel Abbès (prov. d'Oran).

Vin rouge 1866.

Regnauld de Lannoy, à Constantine.

40 hectares de terres en vigne; création de 1858.
Vin rouge de Jemmapes, 1866; vin blanc.

Revillot (Louis-Jérôme), à Batna (prov. de Constantine).

Vin rouge, 1866.

Rey, brigadier-forestier, à Alger.

Vin blanc de Tefschoun, 1866.

Ritzo (A.), à Miliana (prov. d'Alger).

Vin blanc Roquefort 1866.

Rivière, à Crescia (prov. d'Alger).

Vin blanc 1865, 1866; vin rosé 1865; blanquette 1866; vin rouge 1865, 1866; vin pur paille 1866.

Rogues (Auguste), à Blidah (prov. d'Alger).

Vin rouge 1863, 1864.

Roseau (Eugène), à Novi, prov. d'Alger).

Vin Pinot 1866.

Rouïre (Antoine), à Mascara (prov. d'Oran).

Vin rouge 1863; vin grenache 1860; vin Madère; vin Malaga; vermouth; eau-de-vie 1863, 1864.

Royer-Legrand, à Souq Ahras (prov. de Constantine).

Vin blanc 1866.

Saint-Pierre frères, à Oran.
Curaçao.

Schneider (Charles), à Misserghin (prov. d'Oran).
Vin rouge 1864, 1865, 1866.

Sedoun (**Aaroun**), à Biskra.
Eau-de-vie de dattes.

Sibert (Auguste), à Aïn Tedlès (prov. d'Oran).
Vin blanc 1866.

Sicard (Pierre), à Médéah (prov. d'Alger).
Vin rouge 1864, 1866; eau-de-vie.

Testud (Jean-Louis), à Novi (prov. d'Alger).
Vin rouge 1865; eau-de-vie de vin muscat.

Thiel et **Chartroux**, à Mostaganem (prov. d'Oran).
Anisette de Bordeaux; élixir de Raspail; liqueur de la Grande Chartreuse : verte, jaune et blanche imitée; élixir de Garrus; curaçao de Hollande; eau-de-vie de Dantzig; akermès de Florence; crème de cacao, crème de vanille; crème de moka; maraskin.

Touroumade (François), à Bougie (prov. de Constantine).
Vin blanc 1865.

Trappe de Staouëli (prov. d'Alger).
Vin rouge 1863, 1864, 1865; vin blanc 1863-1864; vin de dessert 1862, 1864, 1865; vin rosé 1865, 1866.

Treuil (Antoine), à Dra el Mizan (prov. d'Alger).
Vin rouge 1865, 1866.

Tricotel (Stanislas-Gabriel), à Sidi Chami (prov. d'Oran).
Vin blanc 1865; vin rouge 1866.

Uzel (Joseph), à Bône.
Élixir d'Hippone; amer; l'algérienne.

Vendoit (Xavier), à Ponteba (prov. d'Alger).
Vin rouge 1866.

Vidal (Michel), à Coléah (prov. d'Alger).
Vin blanc 1866.

Vincens de Gourgas (Auguste), à Philippeville (prov. de Constantine).
Vin rouge 1866; muscat de zéramna.

Wallet (Alexandre), à Philippeville (prov. de Constantine).
Vin rouge 1861, 1866; vin blanc 1866.

HUITIÈME GROUPE.

CLASSE 81.

INSECTES UTILES.

EXPOSANTS.

Boensch (Albert), à Kouba (prov. d'Alger).
Ruche.

Donde (Auguste), à Assi bou Nif (prov. d'Oran).
Ruche.

DIXIÈME GROUPE.

CLASSE 89.

MATÉRIEL ET MÉTHODES DE L'ENSEIGNEMENT DES ENFANTS.

EXPOSANTS.

Pigeon, professeur du cours public de dessin de Constantine.
Méthode professée par l'exposant : texte et dessins.

Province d'Alger.
Plan de l'école des garçons de Hussein Dey.
— de l'école des filles de Cherchell.

Province d'Oran.
Plan de l'école et de la salle d'asile des filles de Karguentah.
— des écoles de garçons de Mascara et de Saint-Denis du Sig.

Province de Constantine.
Plans de l'École des garçons de Guelma.
— de l'école des filles de Philipeville.
— de l'école des garçons de Sétif.
— de la salle d'asile de Bône.

CLASSE 93.

SPÉCIMENS D'HABITATIONS CARACTÉRISÉES PAR LE BON MARCHÉ UNI AUX CONDITIONS D'HYGIÈNE ET DE BIEN-ÊTRE.

EXPOSANT.

Société de Climatologie algérienne, à Alger.
Plan en relief d'un projet de village colonial; spécimen en plâtre d'une maison de colon.

APPENDICE.

Classe 4, page 2. **Lycée impérial d'Alger** : *M. Ruelle*, proviseur.

Classe 7, page 5. **Foucault et Cie**, à Alger.

Papier fabriqué avec du palmier nain.

Classe 13, page 10. **Maigné** (Léopold), architecte à Alger.

Album de photographies, monuments de Tlemcen des onzième, douzième et treizième siècles.

Nau de Champlouis (Baron), capitaine d'état-major à Alger.

Photographies par un procédé humide-sec ; notice et épreuves.

Classe 26, page 22. **Céceren à** Constantine.

Petit modèle de chaire.

Classe 35, page 36. **Corporation des Mozabites** à **Constantine**.

Un *harem* (sorte de haïk) ; une *gandoura*.

Classe 40, page 52, **Barbaroux** (Jean-Baptiste) et de **Marque** (Éd.) à Philippeville.

Minerai de fer et minerai de plomb, argentifère des mines de Kermarqué.

Classe 71, page 135. **Jardin d'acclimatation d'Alger**, *Hardy*, directeur.

Ignames 17 variétés; Canne 2 variétés; Patates 13 variétés; Maranta 2 variétés; Colocasses 12 variétés ; Haricots 4 variétés; Zenziber 2 variétés; Manioc 2 variétés; Chayottes.

Classe 73, page 143. **Gaussens fils**, à Oran.

Vins rouge et blanc.

FIN.

TABLE ALPHABÉTIQUE.

A

C

I

J

K

L

M

N

O

P

Q

R

S

9343. — Imprimerie générale de Ch. Lahure, rue de Fleurus, 9, à Paris.

www.ingramcontent.com/pod-product-compliance
Ingram Content Group UK Ltd.
Pitfield, Milton Keynes, MK11 3LW, UK
UKHW020143200726
13856UKWH00003B/824

9 782013 057899